Serge TISSERON

SECRETS DE FAMILLE MODE D'EMPLOI

MARABOUT

Introduction

Quand on parle de « secret de famille », on a tout de suite à l'esprit des exemples extrêmes : les enfants nés de parents qui ont commis des actes graves réprouvés par la loi, comme des vols ou la collaboration avec l'occupant pendant la dernière guerre, les enfants nés de père inconnu ou de relation incestueuse, ou encore les mésententes entre branches d'une même famille, souvent héritées de partages patrimoniaux contestés mais dont l'origine s'est perdue.

La publicité donnée à la double vie de François Mitterrand au moment de sa mort a révélé deux autres sources importantes de secrets : la maladie et l'existence de liaisons extra-conjugales établies par l'un ou l'autre des parents. En voyant les actualités à la télévision avec son fils âgé de neuf ans, une mère s'est scandalisée de cette double vie du président. Son fils lui répondit, l'air blasé, que « la moitié des Français vivent comme ça ». Ce qui est savoureux, dans cette affaire, c'est que le père du garçon a une maîtresse, que sa femme le sait et en souffre, mais que les deux parents ont décidé de cacher la situation à leur fils « pour ne pas lui faire de peine ». La réflexion du garçon montre qu'il a tout compris : « la moitié » de ses parents vit en effet « comme ça » puisque son père a une maîtresse ! Tel est le paradoxe des secrets de famille : les enfants à qui on les cache les connaissent bien souvent, mais ils doivent faire semblant de ne pas les connaître. C'est de cette constatation qu'est né le projet de ce livre. Au fur et à mesure de mes recherches sur le secret, il m'est devenu évident que beaucoup de gens porteurs ou victimes de secret ne feront jamais la démarche d'aller voir un spécialiste du psychisme, tant ils sont habitués à vivre avec ce fardeau. Or ces personnes se trompent en pensant que le choix de ne pas en parler ne concerne qu'elles. Les enfants soumis à un secret de famille en souffrent gravement. Lecteur, si tu es toi-même porteur d'un secret ou si tu te pressens victime d'un secret, ce livre est pour toi et pour ta famille !

Mais comment savoir s'il existe un secret dans sa famille ? Il y a un moyen bien simple. C'est de poser la question ! A qui ? Peu importe : oncles, tantes, grands-parents, parents, ou même parfois frères ou sœurs peuvent s'avérer chacun porteur d'une parcelle de secret qu'il vous serait bien utile de connaître. Et plus nombreux sont ceux que vous questionnerez, plus grande sera votre chance de découvrir quelque chose.

Si on vous répond : « Un secret ? Mais il n'y a aucun secret dans notre famille » ou, pire encore, « Tu veux me rendre fou (ou folle) avec ces questions ! » alors vous pouvez être certain qu'il y a un secret dans votre famille et que vous n'êtes pas près de le découvrir.

Si on vous répond, l'air suspicieux : « Tu as donc entendu parler de quelque chose ? » ou encore : « Qu'est-ce que tu veux donc dire par là ? » vous pouvez être sûr qu'il y a bien un secret dans votre famille et que vous avez quelque chance de le connaître.

Si on vous répond : « J'ai bien entendu dire qu'il y avait un secret, mais je n'ai jamais su lequel », vous en savez déjà la moitié ! Mais le plus difficile reste à faire.

Enfin, si la personne que vous interrogez vous raconte tranquillement le secret qui aurait pesé sur elle, sur vous ou sur tout autre membre de votre famille, alors ne croyez pas pour autant tout connaître. Car, dans le secret, ce sont ses effets sur chacun qui importent. Et le fait qu'on vous confie un secret dont le silence a plané sur vous pendant plusieurs années ne vous rend pas pour autant quitte des effets inconscients qu'il a eus sur votre psychisme.

Avant de faire le procès des secrets, il faut d'abord préciser que tous les secrets ne sont pas « mauvais ». Garder un secret de fabrication est une nécessité pour certains travailleurs de l'industrie. Dans le domaine de nos relations privées, une part de secret intervient également pour nous protéger des autres. D'ailleurs, d'une certaine façon, tout est secret. Les pensées qui nous viennent à l'esprit constamment et dont nous ne parlons à personne, nos fantasmes et nos rêveries, la vie intime qui unit chacun au(x) partenaire(s) qu'il se choisit, la vie privée à travers laquelle se tissent les liens familiaux, les relations proches que nous refusons de porter sur la place publique... autant de formes de secrets auxquelles nous sommes habitués comme à des évidences. Plus encore. Non seulement le secret est partout, mais il est même structurant pour notre vie psychique, il est fondamental pour notre équilibre que nous puissions croire que nos pensées nous appartiennent bien et qu'elles ne sont pas devinées par ceux qui nous entourent. Quiconque n'est pas convaincu de la possibilité de garder secrètes ses propres pensées se sent rapidement persécuté ! Le droit au secret permet de constituer une barrière étanche entre les autres et soi, ainsi qu'entre notre vie privée et notre vie publique. Le secret est fondateur à la fois de la *vie psychique* personnelle et du *lien avec les autres.* C'est pourquoi les secrets ne sont en soi ni bons ni mauvais. Le secret peut garder le « bien » comme le « mauvais ».

A quel moment, alors, cesser de considérer le secret comme une protection nécessaire pour le considérer comme une source de problèmes, pour soi et pour les autres ? Le secret cesse d'être un fait normal et devient un fait pathologique lorsque nous cessons d'être son « gardien » pour devenir son « prisonnier ». Autrement dit, lorsque le secret commence à nous « travailler ». Le langage courant rend bien compte de cette distinction. Le mot « secret » désigne le fait de « garder » tout autant que le fait d'être soi-même « gardé » : chacun peut être « mis dans le secret », « tenu au secret », mais aussi « mis au secret » ! Le moment où nous cessons de « garder un secret » pour être « travaillé » par lui transforme le secret fondateur de la vie psychique en secret destructeur, tant pour sa propre vie psychique que pour celle des autres[1].

En outre, nous ne sommes malheureusement pas toujours conscients d'un secret qui

---

1. C'est à l'œuvre de Nicolas Abraham et Maria Torok que l'on doit la première impulsion aux recherches actuelles sur le secret, dès les années 1960.

nous travaille. Nous pouvons en être affectés de façon consciente, par exemple sous la forme d'un mal de crâne ou de moments dépressifs. Mais nous pouvons aussi avoir mal au dos ou nous sentir déprimés en liaison avec un secret sans le savoir. Les secrets nous travaillent parfois à notre insu !

Par ailleurs, les secrets qui nous travaillent ne sont pas toujours les nôtres. Nous pouvons être préoccupés par quelque chose que nous ignorons, mais dont nous pressentons l'importance pour un proche. Ce qui fait problème, alors, c'est de nous sentir exclus de ce secret que nous voudrions partager avec lui. Enfin, de la même façon que nous pouvons être travaillés par un secret personnel à notre insu, nous pouvons l'être inconsciemment par le secret d'un autre. Les exemples sont nombreux. Nous allons progressivement nous laisser introduire par eux aux secrets de famille...

La principale difficulté que nous aurons à affronter ne relève pas de l'ignorance, mais de la morale. Les chemins catastrophiques du secret sont en effet, comme nous le verrons, pavés des meilleures intentions du monde ! A l'époque de Freud, la morale empoisonnait l'acceptation et la compréhension de la sexualité. Aujourd'hui, elle empoisonne notre compréhension des secrets. Sans doute parce que les effets des secrets sont un peu comme ceux des germes découverts par Pasteur. Souvent, ces effets sont si décalés dans le temps et semblent avoir si peu de rapport avec les secrets qui sont à leur origine que ceux qui ne veulent pas y croire peuvent toujours prétendre que ces effets n'existent pas ! Mais il y a encore une autre raison à ce scepticisme. Les secrets concernent, au-delà de la relation de chacun avec ses proches, la fidélité où il est engagé vis-à-vis de ses parents et de ses ascendants.

Faux secrets et vrais mensonges

Mon fils lit des revues érotiques en cachette

Un adolescent peut cacher à ses parents qu'il lit des revues érotiques, mais un père peut tout aussi bien faire la même chose par rapport à sa femme ou à ses enfants. Il ne s'agit pas là, à proprement parler, de secrets de famille. En effet, tout individu a droit à un espace de secret. Le moment où l'enfant commence à mentir à ses proches, en particulier à ses parents, est très important dans son développement. Il découvre que ses parents ne peuvent pas deviner ses pensées puisqu'il lui est possible de les leur cacher. Il s'assure ainsi de deux choses simultanément : d'une part, que son espace psychique est inaccessible à autrui et, d'autre part, que la parole n'est pas seulement faite pour dire la vérité, mais qu'elle est aussi un instrument de manipulation et d'influence. L'enfant se trouve ainsi initié au « monde des adultes », c'est-à-dire introduit dans les conventions de toutes sortes qui font la vie sociale. Nous devons respecter les règles de politesse et les coutumes sociales même si nous n'y croyons pas ! Celles-ci sont autant de façons de protéger sa vie psychique privée derrière des apparences partagées. Le *droit au secret* de chacun, adulte ou enfant, est essentiel. Il permet de protéger son identité profonde des intrusions de l'environnement. Il est la première condition à la possibilité de penser par soi-même et pour soi-même. Les régimes totalitaires ont d'ailleurs tous pour point commun de chercher à étendre leur contrôle sur la vie privée des individus et à abolir cette barrière protectrice du secret...

Les secrets du sexe, notamment, sont de l'ordre, pour chacun, de son expérience intime du monde. Chacun y est confronté au cours de son évolution naturelle, depuis la petite enfance jusqu'à la mort. Les découvertes de l'autre sexe, du désir qui pousse vers lui et de la jouissance ne peuvent être transmises par le langage. C'est pourquoi elles constituent les étapes d'un dévoilement personnel forcément marqué par le secret.

Par contre, les situations de souffrance vécues par un parent sont immédiatement ressenties par un enfant comme un obstacle à la communication avec lui, et cela quelle qu'en soit la cause : liée à sa vie professionnelle, à sa vie intime ou même à ses propres parents. C'est pourquoi elles mobilisent l'attention et la curiosité de l'enfant et, éventuellement, engagent sa perception du monde sur une fausse voie.

Ces situations de souffrance dont la cause est cachée à l'enfant deviennent pour lui une interrogation parallèle à sa propre vie et qui parasite celle-ci. Parfois, l'enfant, puis l'adulte qu'il devient, choisit de faire de ce questionnement latéral le centre de sa propre existence : il aliène l'ensemble de ses choix d'existence au secret qu'il pressent chez un parent et fait inconsciemment des choix qu'il a pensé, à certains moments de son évolution, être ceux qui lui étaient cachés. Mais heureusement, le plus souvent, ce questionnement jette son ombre sur certains domaines seulement de la vie de l'enfant, laissant les autres indemnes.

Mon père était-il malade ?

Séverine est aujourd'hui une femme d'une trentaine d'années. Elle raconte avec beaucoup d'émotion comment la grave maladie de son père lui a été cachée quand elle avait cinq ans. Celui-ci avait été hospitalisé à la suite d'un malaise cardiaque. A sa sortie de l'hôpital, son épouse et lui persuadent Séverine qu'il est maintenant guéri et hors de danger. Mais, deux ans plus tard, il décède d'un accident cardiaque. Séverine, alors âgée de neuf ans, refuse d'aller à l'enterrement et commence à raconter autour d'elle que son père est parti pour un long voyage. Elle semble refuser sa mort. En fait, il apparaît qu'une grande partie de ses comportements ne sont pas liés à la disparition brutale de son père, mais au sentiment d'avoir été exclue, pendant deux ans, du secret que tous les autres membres de la famille partageaient quant à la gravité de sa maladie et à la précarité de sa santé. Si la mort du père de Séverine est aussi dramatique pour elle, c'est parce que cette mort la confronte à un secret qu'elle pressentait mais ne voulait pas croire : toute sa famille partageait quelque chose de grave et d'important qu'on lui cachait à elle seule !

D'après les renseignements recueillis plus tard par Séverine, ses deux parents avaient bien été informés par les médecins que son père pouvait mourir à tout moment. Mais ils lui avaient caché la vérité de peur « qu'elle ne puisse pas la supporter ». Le problème est que Séverine avait perçu la gravité de la situation et l'inquiétude de ses parents, mais qu'en même temps elle avait dû faire comme si elle ne les percevait pas. Au moment du décès de son père, son refus d'accepter cette mort fit écho au refus antérieur de ses parents de l'associer à la vérité sur la gravité de la maladie paternelle. Elle refusa de parler de cet événement tout comme ses parents avaient refusé de lui parler de son éventualité. Elle se sentit furieuse, non pas de la mort de son père, mais de la façon dont ses parents avaient gardé le secret de sa maladie ; furieuse parce que, à leurs yeux, elle était trop « petite » pour assumer la situation. Cette exclusion fut vécue comme le résultat d'un jugement dépréciatif et dévalorisant sur sa capacité à supporter la vérité. Séverine avait été jugée trop petite pour accepter la maladie de son père. Elle se jugea ensuite trop petite pour accepter sa mort et imagina qu'il était toujours vivant. Ainsi, par ses rêveries autour d'un lien imaginaire avec un père toujours vivant, Séverine confirma en quelque sorte la version qui lui avait été donnée, c'est-à-dire le mensonge de ses parents : son père n'avait pas été malade ; il ne pouvait donc pas être mort. Par ailleurs, ces rêveries, en tissant un lien exclusif entre Séverine et son père, créèrent l'équivalent de la situation privilégiée dont elle avait été auparavant exclue : tous connaissaient la gravité de la maladie de son père, sauf elle. Elle avait été isolée de cette vérité et de ceux qui la partageaient. Elle s'isola donc à son tour avec la conviction de posséder seule une vérité que les autres ne sauraient pas : son père n'était pas mort, il était parti en voyage.

Séverine grandit donc dans la rancœur. Ses relations avec les différents membres de sa famille, et notamment son frère et sa mère, en furent profondément perturbées. Elle perdit confiance en eux et se replia sur elle-même. Ce repliement affecta l'ensemble de ses relations sociales et par contrecoup ses possibilités scolaires et professionnelles. Et pourtant, la famille de Séverine lui avait caché la maladie de son père « pour son bien », pour lui éviter en quelque sorte d'être « traumatisée » ! Bien des fois, le chemin du secret est ainsi, comme celui de l'enfer, « pavé » des meilleures intentions !

La violence du secret

Tout secret familial, quelles que soient les « excellentes » intentions qui le guident, est toujours ressenti comme une violence par un enfant. Une violence qu'il n'oubliera jamais et qui pèsera lourdement sur l'ensemble de sa vie psychique, et par contrecoup sur sa vie professionnelle, amoureuse et sociale.

Face à la violence du secret, l'enfant, puis l'adulte qu'il deviendra, peut tenter de se protéger de bien des manières. L'une d'entre elles est de créer, à son tour, « son » secret. Faute de pouvoir connaître et maîtriser le secret des autres dont il se sent exclu, il se fait l'organisateur de ses propres secrets dont il décide d'exclure les autres ! Dérisoire vengeance, mais génératrice de vrais secrets. A la vérité qui lui est cachée, l'enfant répond par une vérité qu'il cache. Ainsi Séverine a-t-elle, dans son imagination, retourné comme un gant la situation gardée secrète dont elle s'était sentie exclue. Elle s'imagina la seule détentrice d'un secret dont tous les autres seraient exclus ! Séverine avait bien constaté les efforts faits par sa mère et son frère aîné, ainsi que par ses oncles et tantes, pour l'inclure dans le deuil familial. Mais ses principales difficultés ne concernaient pas les circonstances de cette mort, ni ce qui avait suivi. Elles étaient liées au secret qui avait précédé. Séverine ayant été tenue à l'écart de l'expérience familiale de la maladie du père, il ne lui paraissait plus possible d'être associée à l'expérience partagée de sa mort. La solitude et la souffrance qui lui avaient été d'abord imposées à travers ce secret, elle les transforma en une souffrance et une solitude dont elle exclut tous les autres. Néanmoins, ce retournement de l'exclusion n'est pas la réponse la plus habituelle de l'enfant confronté à un secret. Le plus souvent, ce qui importe est son désir de rétablir la communication perturbée par l'existence du secret.

MON PÈRE TRAVAILLE-T-IL ?

Georges, âgé de douze ans, alarme ses professeurs par la chute brutale de ses résultats scolaires alors qu'il était jusque-là un bon élève. Non seulement il ne travaille plus et a de mauvaises notes, mais il ne paraît en plus ni étonné ni préoccupé de ce changement. Cette situation incompréhensible conduit le garçon chez le psychologue scolaire. Celui-ci interroge les parents sur l'existence d'événements ayant pu, à leur connaissance, troubler Georges. Face à leurs réponses négatives, il tente de recueillir des éléments sur la petite enfance de Georges susceptibles d'éclairer son attitude actuelle. Des tests de niveau et de personnalité sont demandés. Le garçon y est décrit comme ayant une personnalité immature et celle-ci est mise en relation avec les changements fréquents qui ont émaillé sa petite enfance. Du fait de l'activité professionnelle de ses deux parents et de leurs déménagements fréquents, Georges a en effet d'abord été gardé par ses grands-parents, puis il a été confié à plusieurs nourrices successives avant de trouver sa place dans le foyer familial.

communication claire faite à l'enfant autour de leur contenu. Peu importe alors que le contenu du secret soit connu de l'enfant. Son bec-de-lièvre était bien connu par le petit Henri Cueco. Il lui suffisait de se regarder dans la glace pour le voir. Il ne pouvait pas pour autant le comprendre ou, si on préfère, donner place dans l'ensemble de sa personnalité aux expériences qui lui étaient relatives, à cause du silence et de la honte familiale qui l'entouraient.

Les générations du secret

Il existe donc trois grandes origines des secrets de famille. Tout d'abord, les événements gardés secrets parce qu'ils tombent sous le coup de la loi sociale (ceux-ci peuvent ne provoquer ni angoisse ni honte chez leur porteur, si ce n'est celle d'être « découvert »). Ensuite, les événements dissimulés en raison de la honte qui les accompagne. Enfin, les événements vécus par un parent qui ne peut en parler du fait de la trop grande angoisse qu'ils suscitent en lui. Ces dernières situations relèvent plutôt des non-dits que des secrets proprement dits. Néanmoins, dans tous les cas, celui qui garde le silence sur un événement présente une organisation psychique caractéristique du Secret. Par ailleurs, le fait qu'il existe, ou non, une honte chez le porteur de secret s'efface à la génération suivante. Un enfant qui pressent qu'un parent lui cache quelque chose pense en effet toujours que ce parent a un secret *honteux*. La honte entoure donc toujours le secret à la seconde génération. Envisageons maintenant les conséquences les plus probables d'un secret grave sur plusieurs générations.

Le porteur initial du secret : la première génération

Celui qui garde un secret douloureux est toujours partagé en deux : d'un côté, il aimerait pouvoir le révéler pour s'en libérer ; d'un autre côté, il ne peut s'y résoudre de crainte de porter atteinte aux autres partenaires du secret. A l'origine, son silence peut ne toucher qu'un événement dont il ne peut pas ou ne veut pas parler. Mais petit à petit, pour éviter de se trahir, il risque de taire un grand nombre d'informations se rapportant, de près ou de loin, au secret initial. Par ailleurs, cette tension intérieure du porteur de secret – entre la part de lui-même qui veut préserver le secret et celle qui voudrait s'en libérer en le confiant – le conduit à le révéler de façon parcellaire et incomplète, par bribes ou allusions obscures et constamment démenties. Il en résulte des perturbations de sa relation avec ses enfants et ceux-ci en subissent d'importantes conséquences dans leur fonctionnement psychique. Par exemple, un parent peut manifester de l'affection à un enfant puis, subitement, le rejeter de façon inexplicable parce que cet enfant, à son insu, a accompli un geste ou prononcé une parole qui a réveillé un secret douloureux ; ou bien un parent peut tenir des propos contradictoires pour tenter de cacher un secret à un enfant qui l'a surpris en train d'en parler à un autre adulte, etc. C'est ainsi qu'une mère était prise de fortes angoisses toutes les fois où il était question des groupes sanguins dans un roman, dans un film, à la télévision ou dans les conversations courantes : la confrontation de ceux de son mari et de son fils lui avait confirmé que le second n'était pas né du premier (elle l'avait eu avec son amant) et elle vivait dans l'inquiétude permanente que ce secret soit découvert !

L'enfant du porteur de secret : la seconde génération

Alors que les événements à l'origine du secret étaient « indicibles » pour ceux qui les avaient vécus, ces mêmes événements deviennent « innommables » pour la seconde génération. Entendons par là qu'ils ne peuvent faire l'objet d'aucune représentation verbale. Leurs contenus sont ignorés et seule leur existence est pressentie et interrogée. C'est dans cette seconde génération que peuvent apparaître des troubles spécifiques de l'apprentissage sans perturbation grave de la personnalité ou s'accompagnant de perturbations légères.

La troisième génération du secret

A la troisième génération, l'événement « indicible » puis « innommable » devient littéralement « impensable ». L'enfant, puis l'adulte qu'il devient, peut percevoir en lui-même des sensations, des émotions, des potentialités d'action ou des images qui lui paraissent « bizarres » et qu'il lui est impossible d'expliquer par sa vie psychique propre ou son histoire familiale.

Comme à la génération précédente, l'ensemble de ces distorsions est lié aux perturbations de la communication, aussi bien précoces que tardives, entre l'enfant et ses parents. Mais ces perturbations ont des effets plus graves qu'à la génération précédente. En effet, si le parent porteur du secret est pour son enfant comme *un miroir porteur d'une opacité localisée*, le parent qui a lui-même été soumis à un parent porteur de secret, et dont la personnalité a été déformée à son insu, est pour son enfant comme *un miroir déformant*. Les effets du secret ne sont plus cernables et localisables comme à la génération précédente. Ils sont diffus et imposent des déformations dont le parent de la seconde génération du secret n'a pas la clef.

Ces enfants (dont les grands-parents étaient porteurs de traumatismes non surmontés et indicibles) peuvent développer les mêmes troubles qu'à la génération précédente, mais aussi des troubles beaucoup plus graves. Le caractère général de ceux-ci est qu'ils sont apparemment dénués de tout sens. Il s'agit en particulier de troubles psychotiques, de formes graves de débilité et de diverses formes de délinquance ou de toxicomanie qui constituent autant d'obstacles dans les apprentissages de la vie.

Le devenir des secrets de famille après la troisième génération

Passée la troisième génération, les secrets, sauf cas de gravité extrême, tendent à se dissoudre dans l'ensemble des attitudes caractérisant la personnalité globale de l'individu. A vrai dire, ils laissent souvent la place à de nouveaux secrets... constitués sous l'effet des précédents ! En effet, tout individu soumis aux effets d'un secret – et cela même s'il n'en est pas clairement conscient – est tenté de créer ses propres secrets ! Faute de maîtriser les secrets dont il est la victime, il tente d'organiser et de contrôler ses secrets à lui ! Confrontés à l'existence d'un secret dont ils sont condamnés à ne jamais rien savoir, les enfants de la troisième génération du secret créent... de nouvelles situations de secrets ! Ils tentent de donner un sens – maîtrisé par eux – à une situation qui en était jusque-là dépourvue. Un secret de famille anodin en cache donc bien souvent un autre, parfois très grave, dans les générations précédentes. Les nouveaux secrets créés par une génération en réaction à un secret familial font oublier les précédents même s'ils en sont pourtant la conséquence indirecte. Un secret risque toujours d'en cacher un autre !

Enfin, dans certains cas graves, il peut arriver que la chaîne des générations soit interrompue. Les effets provoqués chez les descendants par un secret de famille – comme des troubles mentaux, une déficience psychique, mais aussi un investissement exclusif dans une œuvre personnelle... – peuvent entraver la procréation : certaines lignées s'éteignent sans raison apparente...

Le piège des bonnes intentions

La plupart des événements familiaux tenus secrets le sont par souci de préserver les enfants : une mère cache à son fils que son père n'est pas son père pour ne pas le « traumatiser » ; un père tait à ses enfants qu'il a perdu son travail pour la même raison ; un parent dissimule une toxicomanie ou un acte délictueux commis par un grand-père ou une grand-mère ; un homme fait en sorte qu'on ignore qu'il est né d'une fille-mère de crainte du déshonneur qui pourrait retomber sur sa mère et sur lui, etc. Dans tous ces cas, le mobile de la dissimulation est de protéger le ou les enfants. On entend alors fréquemment dire : « Il est trop petit pour comprendre », « Il ne faut pas compliquer la vie des enfants avec ces choses-là », « Elle (ou il) l'apprendra bien assez tôt ». Aux questions des enfants, on répond comme pour s'excuser : « Tu le sauras quand tu seras plus grand », ou encore : « Je te dirai peut-être cela un jour... » C'est pourquoi le chemin des secrets, comme celui de l'enfer, est pavé de bonnes intentions... Pourtant les secrets que les parents gardent, soi-disant pour protéger leurs enfants, créent à ces derniers des difficultés bien plus graves que celles contre lesquelles on voulait les protéger !

« Ces choses-là ne regardent pas les enfants »

Jacqueline est âgée de quarante-huit ans. Elle n'a pas oublié le fardeau de honte qui lui a très tôt pesé sur les épaules parce qu'elle était une enfant illégitime et n'avait pas le droit de le savoir. Sa mère avait été mariée avec un homme qui était décédé, la laissant avec deux enfants, Jacqueline et une autre fille plus jeune. Jacqueline se souvient avoir senti très tôt que celle-ci n'était pas vraiment sa sœur. Elle se rappelle également avoir demandé à sa mère et à sa grand-mère – qui vécut longtemps avec eux – qui était son père et où il se trouvait. La première réponse qui lui fut faite apaisa pour un moment sa curiosité : son père était mort dans un bateau disparu en mer. Mais Jacqueline avait senti dans cette réponse quelque chose d'« anormal », une gêne de sa mère et de sa grand-mère. Elle questionna donc à nouveau. Sa grand-mère lui répondit alors d'un ton extrêmement cassant : « Ce n'est pas quelque chose qui regarde les enfants. » Jacqueline comprit dès ce moment que le mari qu'avait sa mère au moment de sa conception n'était pas son père. D'ailleurs, elle avait toujours remarqué que la famille paternelle octroyait à sa petite sœur une attention sans commune mesure avec celle dont elle bénéficiait elle-même : la cadette recevait en particulier des cadeaux, alors qu'elle-même ne recevait ni présents ni même marques d'affection. Quand Jacqueline questionna à nouveau sa mère, elle reçut la même réponse : cela « ne la regardait pas ».

Jacqueline s'était dès lors repliée sur elle-même. Le refus de sa mère et de sa grand-mère de répondre à une question aussi essentielle pour elle avait brisé sa capacité de questionner. Elle devint une enfant inhibée, craintive, *honteuse*. Cette honte, Jacqueline comprend maintenant que c'était celle de sa grand-mère et de sa mère qu'elle avait intériorisée. Confrontée au refus de ces deux femmes de lui parler, Jacqueline pensa non seulement que son père était un homme indigne dont il ne convenait pas de parler, mais qu'elle-même était indigne de connaître ce secret et même peut-être qu'elle était indigne d'être née !

L'enfant qu'elle était ne pouvait en effet comprendre à quel point ses questions étaient menaçantes pour sa mère et sa grand-mère, uniquement parce que celles-ci n'avaient pas pu assumer la situation créée par la disparition du père de Jacqueline. Elle crut que c'était sa curiosité qui les menaçait alors que le nœud du problème était la disparition de cet homme. Comme tout enfant, Jacqueline ne put remettre en question la parole des adultes. Elle se crut responsable de leur attitude. Pourtant, dans son cas, l'existence du secret était connue, même si sa solution – l'identité de son père – lui restait cachée. C'est pourquoi, et bien que ce secret ait eu sur elle un effet inhibiteur et perturbateur durable, sa honte fut toujours « intégrée » à sa personnalité.

« Ce serait trop dur pour moi de lui en parler »

Avant d'épouser la mère de Patrick, son père a été marié une première fois et a eu un enfant de cette union. Cela se passait avant la guerre. Cette femme et ce premier fils, tous deux juifs, ont été déportés en camp de concentration. Ni la mère ni l'enfant n'en sont revenus. Le père de Patrick a toujours gardé le silence sur cet événement dramatique. Informé de ce secret par son cousin, Patrick a questionné son père et sa mère. Tous deux ne firent aucune difficulté pour lui raconter ce qu'ils savaient. Ils ajoutèrent avoir voulu le protéger contre l'effet désagréable qu'aurait pu avoir sur lui cette histoire. En fait, Patrick pense aujourd'hui que son père a gardé le secret parce qu'il était lui-même confronté à une question qu'il ne pouvait pas résoudre : sa femme et son fils étaient-ils rapidement morts en camp de concentration ou bien avaient-ils été utilisés pour des expériences pseudo-médicales et avaient-ils vécu une lente agonie ? C'est l'absence de réponse à ses propres questions qui incita probablement le père de Patrick à ne pas lui parler de ce qu'il savait. Le secret n'était pas gardé pour « éviter de traumatiser Patrick » comme ses parents essayèrent de le lui faire croire, mais parce qu'il leur était trop douloureux d'en parler. Une fois de plus, c'est parce que ce père subissait lui-même un Secret déchirant qu'il avait organisé sa vie avec son fils autour d'un autre secret. Il tentait par là d'étouffer ses propres angoisses et ses propres questions.

Les secrets de famille correspondent bien souvent à la stratégie d'une ou de plusieurs personnes cherchant à cacher aux autres une partie pénible de leur expérience parce qu'elles veulent d'abord se la cacher à eux-mêmes. Elles essayent de faire comme si ces situations n'avaient jamais existé. S'il existe des situations pénibles qui n'entraînent pas de secrets, il est bien rare qu'à l'origine d'un secret de famille, il n'y ait pas une ou plusieurs situations pénibles.

On comprend mieux, à partir de là, qu'une situation habituellement tenue secrète le devienne moins lorsqu'elle devient moins angoissante. Lorsque les procédures d'adoption étaient éprouvantes pour les couples candidats, le secret était souvent gardé auprès de l'enfant sur ses origines. Aujourd'hui, les parents qui veulent adopter un enfant sont psychologiquement soutenus et les procédures se sont considérablement simplifiées. On constate que l'adoption d'un enfant ne lui est plus guère cachée. Les parents « adopteurs » confient volontiers à leur enfant les conditions de sa venue dans la famille. En revanche, les naissances par insémination artificielle sont encore souvent cachées aux enfants qui en sont issus, alors même que ces procédures se sont banalisées. Or quand on questionne les mères – et les pères – sur les conditions de ces conceptions assistées, on s'aperçoit que la fécondation in vitro est aujourd'hui un véritable parcours d'obstacles pour les couples qui la souhaitent. Comment parler à un enfant des conditions de sa conception quand celle-ci n'est pas synonyme de plaisir, mais au contraire de souffrance et, plus encore, de souffrance non reconnue et non entendue ? Il y a fort à parier que les parents auront moins de réticences à parler des conditions de sa naissance à leur enfant né des suites d'une fécondation artificielle lorsque les souvenirs qui y sont attachés ne seront plus perçus comme un cauchemar. Il faudrait pour cela que ces couples soient entendus, soutenus et aidés psychologiquement à chacune des étapes de leur parcours. Ce serait là une forme de prévention efficace des secrets entretenus auprès de ces enfants sur leur origine, qu'ils finissent toujours par découvrir en se sentant honteux de transgresser un interdit terrible. Mais, à côté de ces situations cachées parce que douloureuses, il en est d'autres que des parents décident de ne pas dire à leurs enfants parce qu'ils ont peur de paraître « indignes »...

« Nous sommes tous comme nous devons être »

Beaucoup d'événements deviennent des secrets parce que ceux qui les ont vécus pensent qu'il serait indigne d'en parler à leurs proches, en particulier à leurs enfants, et que s'ils le faisaient, ils risqueraient de perdre le respect de leurs enfants. Ils ont peur que leurs confidences dégradent la bonne image qu'ils pensent nécessaire que leurs enfants aient d'eux : l'image de parents *parfaits* et ne commettant *aucune erreur.* Souvent, l'existence du secret est ainsi motivée par l'*idée* que nous nous faisons de ce que doit être un père, une mère, une famille,... c'est-à-dire un père, une mère ou une famille *parfaits*. Or de tels comportements ne sont pas seulement générateurs de secrets. Ils enferment également les enfants dans le carcan d'un idéal pesant, auquel ceux-ci éprouveront plus tard la nécessité de se conformer en toutes circonstances. Ainsi, vouloir cacher à ses enfants les erreurs qu'on a pu commettre contribue non seulement à les exclure d'une partie de notre vie, mais aussi à les emprisonner dans la nécessité de se conformer à des idéaux excessifs. Cet emprisonnement provoque fatalement chez eux une tendance à cacher à leurs parents leurs erreurs et leurs questions. Ils veulent ainsi correspondre à l'image d'eux qu'ils pensent souhaitée par leurs parents, image calquée sur le modèle de celle que leurs parents leur ont imposée d'eux : des êtres parfaits... Le problème est que, dans ce souci de perfection, plus personne ne communique ses sentiments et ses pensées réelles. Et le désespoir de l'adolescence n'en est que plus grand. De telles familles sont souvent celles dans lesquelles des comportements délinquants d'un enfant rappelle à tous la réalité...

« Tu ne dois parler de cela à personne »

Il est bien compréhensible que des parents demandent la complicité de l'enfant au sujet des secrets qui ne concernent que la vie privée familiale et n'ont aucune raison d'être dévoilés à l'extérieur comme la perte d'un métier ou l'existence de demi-frères ou demi-sœurs. Il est par contre très difficile de trouver des excuses à ceux qui tentent d'associer leurs enfants à leurs mensonges vis-à-vis de l'entourage lorsqu'il s'agit d'actes qui enfreignent la loi sociale, comme des vols, des viols ou des violences. Dans un tel cas, l'instance régulatrice des comportements de l'enfant se trouve irrémédiablement coupée en deux. D'un côté, il y a l'idéal de silence et de mensonges proposé par les parents ; de l'autre, l'idéal social qui condamne les actes répréhensibles commis par eux. Le pire advient le plus souvent : soit l'enfant se désocialise, soit il retourne contre ses parents les accusations que ceux-ci ont voulu éviter de la part de la société. Une telle confrontation rompt alors définitivement la relation entre parents et enfant, avec des effets catastrophiques pour ce dernier.

Un secret révélé peut continuer à troubler

Parfois, des parents se rassurent eux-mêmes en décidant de révéler leur secret à leur enfant quand celui-ci a atteint un âge qu'ils considèrent propice : en général sept, quatorze ou dix-huit ans. Le premier parce que c'est l'« âge de raison » ; le second, sans doute, parce qu'il a été pendant longtemps l'âge de la fin de la scolarité obligatoire ; et le dernier parce qu'il est celui de la majorité. Mais les parents qui attendent un âge « propice » pour révéler un secret se rassurent à tort. Les troubles liés à un secret ne disparaissent pas forcément avec la divulgation de celui-ci !

Lorsqu'un enfant, ou plus encore un adulte, a appris à organiser sa personnalité et sa relation aux autres autour d'un secret, la divulgation de celui-ci va l'amener à des bouleversements intérieurs et relationnels importants. On peut en effet imaginer la construction de la personnalité comme celle d'une pyramide de cubes. Si, lorsque la construction est déjà avancée, vous souhaitez que l'un des cubes de la base soit disposé autrement, vous serez obligé de déconstruire puis de reconstruire une partie de l'échafaudage. Il en est de même au moment où un secret est révélé. La personnalité construite sur ce secret doit déconstruire et reconstruire une partie de sa vision du monde, même si elle a l'impression que cette révélation ne change rien pour elle. Un travail psychique, à la fois conscient et inconscient, est indispensable pour que l'ensemble de sa personnalité puisse tenir compte de cette nouvelle donne.

Jeanne est une petite fille à qui sa mère a caché que son frère aîné est en fait son demi-frère. Cette femme, que nous appellerons Monique, a eu son garçon d'un premier mariage. Puis elle a divorcé et réalisé un second mariage d'où est née Jeanne. Elle préféra élever Jeanne avec l'idée que son demi-frère était en fait son frère afin d'éviter à celle-ci le traumatisme d'apprendre l'existence de deux maris successifs dans la vie de sa mère. Monique donnait ainsi à Jeanne l'image d'une famille en quelque sorte parfaite. La version officielle fut donc que Monique et son mari, peu après s'être rencontrés, avaient eu deux enfants, le frère aîné de Jeanne puis Jeanne elle-même. Lorsque Jeanne eut cinq ans, son demi-frère, âgé de quinze ans, voyait de plus en plus fréquemment son véritable père. Il devint très difficile pour Monique de continuer à cacher à Jeanne la réalité. Elle se résolut à lui en parler. Bien que Jeanne accueillît cette confidence avec difficulté et reprochât à sa mère de lui avoir menti pendant cinq années, tout parut rentrer dans l'ordre. Jeanne sembla s'habituer rapidement à l'idée que son frère était né d'un autre père qu'elle. Néanmoins, six mois plus tard, la petite fille commença à présenter des troubles préoccupants dans sa vie scolaire. Alors qu'elle était jusque-là une bonne élève, elle se mit à commettre des « fautes d'attention » qui s'aggravèrent progressivement jusqu'à inquiéter sa maîtresse et ses parents. Des exercices, autrefois parfaitement maîtrisés, lui semblaient tout à coup insurmontables. La mère interrogea sa fille. Jeanne dit d'abord ne rien comprendre à ce qui lui arrivait. Puis elle confia, avec gêne, que sans doute sa mère ne la croirait pas si elle lui disait la cause de ses multiples fautes d'attention. Comme Monique la pressait davantage et la rassurait de son affection, la petite fille confia en pleurant qu'elle pensait constamment à sa mère pendant l'école : « Dès que la maîtresse parle, je pense à toi maman. » Puis, la petite fille, en pleurant encore plus fort, s'écria : « Maman je t'aime, maman je t'aime tellement. » La mère fut bien entendu très émue de cette scène. Plus tard, quand elle parvint à interroger à nouveau sa fille sur ses préoccupations, elle reçut une réponse différente : Jeanne se disait très gênée d'avoir « un demi-frère ». Elle pleura à nouveau en ajoutant : « Je voudrais tellement qu'il soit mon frère complet. »

Les paroles de l'enfant ne faisaient alors qu'exprimer le désir secret de sa mère : celle-ci vivait mal le fait d'avoir été mariée deux fois et d'avoir eu deux enfants de deux hommes différents ! Si elle avait caché si longtemps la vérité à sa fille, c'est parce qu'elle-même l'acceptait très mal. La petite fille, en énonçant ce souhait, exprimait donc le désir secret et informulable de sa mère. Mais elle témoignait aussi du travail, toujours actif en elle, de participation au secret qui avait marqué les cinq premières années de sa vie. En disant qu'elle ne voulait pas que son frère soit son demi-frère, elle disait en fait qu'elle aurait préféré qu'il n'y eût jamais de secret et que ce qu'elle avait cru pendant les cinq premières années de sa vie corresponde à la vérité. Si elle avait pu formuler précisément ce qui se passait en elle à ce moment-là, sans doute aurait-elle tenu le discours suivant : « Maman, je ne veux pas que mon frère soit mon demi-frère. Parce que je ne veux pas que tu m'aies menti pendant cinq ans. Parce que je ne veux pas de la haine que j'ai ressentie et que je ressens encore contre toi à la suite de ce mensonge. » Ces dernières pensées ne pouvaient bien entendu pas être conscientes chez la petite Jeanne. C'est pourquoi son raisonnement explicite s'en tint à la première partie de cette formulation. La seconde partie fut transformée en angoisse que sa haine ressentie à l'égard de sa mère ne blesse celle-ci. Ainsi s'expliquait le fait que Jeanne ait dit penser constamment à sa mère avec amour ! Ces pensées obsédantes – qui empêchaient la fillette de travailler – tentaient en fait de s'opposer à l'angoisse de blesser sa mère.

On voit donc que l'agressivité qui accompagna la divulgation du secret ne disparut pas, et qu'elle resta même extrêmement active dans l'inconscient de la petite fille. Cette agressivité était d'autant plus intense qu'elle correspondait en outre à l'acmé du conflit œdipien tel qu'il est vécu par tout enfant aux alentours de sa cinquième année. Mais une interprétation qui ne tiendrait compte, dans l'agressivité de l'enfant vis-à-vis de sa mère, que de l'aspect œdipien de son conflit psychique passerait à côté d'un élément essentiel. Ce n'était pas l'attachement et l'agressivité normaux de tout enfant pour ses deux parents qui occupaient le devant de la scène psychique de Jeanne et pouvaient expliquer ses troubles scolaires, c'était la désillusion et la haine d'avoir été tenue pendant cinq ans à l'écart de la communication familiale telle qu'elle l'idéalisait. Ce problème n'était devenu le sien que du fait de l'impossibilité de ses parents d'aborder simplement avec elle le secret qui les préoccupait.

Les « cachettes » du secret

Les « suintements » du secret nous ont montré comment ce qui n'est pas formulé verbalement se manifeste sous d'autres formes. Ces manifestations correspondent en grande partie à des tentatives que le sujet a faites de symboliser ce qu'il a perçu ou ressenti autour du secret mais qu'il n'a pas pu mettre en mots. Par contre, un regard extérieur – notamment celui de la génération suivante – perçoit ces tentatives non verbales de symbolisation de secrets non dicibles comme des sortes de « cachettes » du secret. Elles indiquent l'existence de celui-ci même si son contenu n'est pas révélé.

Ces « cachettes » peuvent être des formes de comportement, des manières de parler ou de plaisanter, mais aussi des objets familiers.

Un secret caché dans un trou de mémoire

André est né de mère célibataire, en 1928, dans le centre de la France. Il porte donc le patronyme de sa mère. Celle-ci a vécu sa situation avec beaucoup de souffrance et André a lui-même enduré bien des moqueries au sujet de sa « bâtardise ». C'est pourquoi, devenu adulte, il veut « tout oublier ». Il monte à Paris et tente d'effacer toute trace de cette naissance illégitime dont mère et fils ont tellement souffert.

Dans ce but, André s'efforce de ne jamais rien dire de son enfance. Il craint en effet de trahir son secret s'il était amené à raconter cette période. Pour la même raison, il évite de parler des circonstances entourant son enfance : les lieux où il a vécu – en particulier l'appartement où il a passé ses jeunes années –, son école, ses camarades et, par extension, jusqu'aux particularités régionales et touristiques de sa région natale. Le secret est englouti dans un véritable système organisé de « trous de mémoire », ces « trous » recouvrant de proche en proche l'ensemble des situations qui pourraient trahir l'origine illégitime et la douleur qui l'accompagne. Enfin, parallèlement, André ne peut s'empêcher de manifester gêne et même souffrance lorsqu'il est confronté à des mots évocateurs de souvenirs particulièrement désagréables, tels que « fille-mère », « mère célibataire » ou « bâtard ». Ainsi le secret enterré fait-il retour sous la forme de manifestations émotionnelles incontrôlables. Ces manifestations, perçues par ses propres enfants, contribuent à perturber leur relation avec leur père, mais aussi, par contrecoup, leur monde intérieur.

Un secret caché parmi les relations

Danielle est une femme de quarante-cinq ans qui a perdu son père depuis une dizaine d'années. Son enfance a été marquée par les multiples infidélités que celui-ci faisait à sa mère. Il était rarement à la maison et passait, aux yeux de la famille et de ses proches, pour avoir des mœurs légères. Danielle sut dès son enfance que son père était du genre à avoir « une femme par jour ». Très jeune, elle vécut avec cette idée et partagea la souffrance quotidienne de sa mère. Elle pensa donc longtemps tout connaître de la vie difficile de ses parents. Or, plusieurs années après le décès de son père, Danielle apprend incidemment que celui-ci, parallèlement à sa vie conjugale, avait eu de très nombreuses expériences homosexuelles. Sa devise n'était pas « une femme par jour », mais « un garçon par jour ». Danielle réalise à ce moment-là qu'elle a arrangé sa vie de façon à être entourée d'un grand nombre d'homosexuels, soit isolés, soit en couples. Ainsi, alors qu'elle croit avoir organisé sa vie familiale sur le modèle de sa mère, elle a, à son insu, recréé un cadre qui la rapproche de ce qu'elle était censée ignorer de son père : l'homosexualité. Nous voyons ici, une fois de plus, que les comportements engendrés par un secret ne sont pas forcément pesants ou négatifs. Les relations amicales avec des homosexuels des deux sexes sont pour Danielle une source d'échanges intéressants et d'agréments dont elle parle volontiers. Mais son comportement est aussi une façon de rester fidèle à la mémoire de son père en le disculpant inconsciemment. Danielle dit en quelque sorte à son père, comme si celui-ci était toujours vivant : « Fréquenter des homosexuels n'est pas si grave. D'ailleurs j'en fréquente moi-même. Voilà quelque chose qui devrait te mettre en confiance... et te permettre de m'en parler. »

Il est bien évident que le père de Danielle étant mort, ce comportement ne s'adresse pas à son père réel, mais à celui qu'elle a placé à l'intérieur d'elle-même. A travers le choix de ses propres relations, elle reste fidèle au secret familial en même temps qu'elle témoigne à son père son attachement... secret.

UN SECRET CACHÉ DANS UN DÉSIR BIZARRE

Mikaël est un garçon de douze ans. Il aime être bien habillé et trouve normal que ses parents manifestent une certaine générosité financière à son égard. En fait, son père et sa mère ont des revenus modestes, mais Mikaël reçoit des sommes importantes de son grand-père qui vit en Pologne. Ce grand-père, qu'il voit en moyenne deux fois par an, lui envoie chaque année plusieurs milliers de francs, ce qui, comparé au niveau de vie en Pologne, constitue des sommes importantes. Au cours d'un entretien, Mikaël confie que, peut-être, je « pourrais l'aider »... Questionné pour savoir comment, il répond qu'il souhaite faire un travail, « n'importe quel travail », de façon à gagner de l'argent pour pouvoir s'acheter des vêtements que ses parents jugent trop chers pour les lui offrir.

Le fait que cet enfant veuille gagner de l'argent ne semble pas avoir de rapport ni avec sa situation matérielle (il ne vit pas dans la misère), ni avec ses préoccupations personnelles. Mikaël ne manifeste pas en effet un esprit de compétition ou une rivalité excessive avec son père. Il semble plus pertinent de l'interroger sur le métier exercé par son grand-père, puisque c'est lui qui fournit à Mikaël l'essentiel de son argent. Le garçon répond qu'il a lui-même posé cette question plusieurs fois à sa mère et que celle-ci, de manière toujours évasive, a répondu que son grand-père « avait su se débrouiller pendant la guerre parce qu'il était plus malin que les autres ! » Ce grand-père, en outre, joue des sommes très importantes dans les casinos polonais et l'origine de l'argent qu'il gagne aujourd'hui reste également mystérieuse. Ainsi, confronté à un secret préoccupant (l'origine de l'argent de son grand-père), Mikaël cherche une réponse dans sa façon d'organiser sa propre vie. S'il veut travailler, c'est afin de se prouver chaque jour à lui-même que l'argent vient du travail et d'oublier ainsi les questions angoissantes qui tournent autour de l'origine de la fortune de son grand-père. On voit ici, une nouvelle fois, comment, certains comportements apparemment étranges d'un enfant peuvent être organisés à partir du désir de trouver une réponse à un secret familial.

Un secret caché dans un objet familier

Dans le film *Goupi Mains Rouges* de Jacques Becker, toute une famille vit dans l'espoir de découvrir un trésor caché dans la maison familiale. Chacun tente à tour de rôle d'obliger le grand-père, qui est le seul à connaître l'emplacement du trésor, à en indiquer la cachette.

La fin du film révèle que le trésor était chaque jour visible de tous, comme la « lettre volée » de la fameuse nouvelle d'Edgar A. Poe. Dans cet ouvrage, les policiers ne voyaient pas la lettre suspendue devant leurs yeux dans un porte-cartes accroché au-dessus d'une cheminée ! Dans *Goupi Mains Rouges*, l'or du trésor familial a été fondu pour constituer le balancier et les deux poids de la grande horloge de la salle à manger. Le trésor était caché dans un objet usuel, visible de tous, et pour cela insoupçonnable.

De la même façon, il arrive qu'un important secret familial soit caché dans un objet usuel appartenant à l'environnement quotidien des habitants d'un lieu. Cet objet est alors chargé de commémorer le souvenir indicible d'un événement tenu secret.

Dans le cas de Patrick dont le père avait perdu sa première épouse et son premier fils en déportation[1], toute la famille était au courant de cet événement... sauf lui-même, comme il put s'en apercevoir lorsqu'il finit par connaître la vérité par son cousin à l'âge de seize ans. Or ce secret était, ici aussi, caché dans un objet visible de tous. Patrick avait donné à son ourson en peluche le prénom du premier fils de son père décédé à l'âge de huit

1. Voir supra p. 56-57.

ans ! On peut imaginer quelle fut la stupéfaction paternelle lorsque Patrick annonça le choix du prénom de son ourson. On peut imaginer également que le père tenta de cacher cette surprise à son fils, provoquant en retour la gêne de celui-ci et des rêveries muettes autour de l'angoisse ou de la tristesse qu'il avait entrevues chez son père avant que celui-ci ne les réprime. On peut enfin imaginer l'étonnement, voire la gêne, produit chez les amis et les membres de la famille informés de la situation du père lorsque Patrick leur annonçait le prénom de son ourson...

Voici un autre exemple où le secret est, cette fois, caché dans un meuble. Ginette est âgée de soixante ans. Sa mère vient de mourir et elle décide avec ses sœurs de mettre en vente la maison de leur enfance. Son père est décédé une vingtaine d'années auparavant. Quand Ginette visite une dernière fois le grenier de la maison familiale, son attention est attirée par un buffet qu'elle n'avait pas vu depuis très longtemps. De tous les meubles de la salle à manger dans laquelle elle a grandi, ce buffet est le seul élément qui subsiste. Elle se souvient que sa mère, à la mort de son mari, a changé une grande partie du mobilier, et notamment la salle à manger. Mais si tous les autres meubles ont été débarrassés et égarés, le buffet, lui, est resté au grenier... Ce buffet rappelle alors à Ginette une histoire familiale qu'une tante lui avait révélée quelques années auparavant. Son père – que nous prénommerons Bernard – était un enfant adultérin, le fils d'un voisin des grands-parents. Cet homme, semblait-il, ne s'était jamais occupé du garçon. Mais à l'occasion de la première communion de Bernard, il avait offert à la mère de l'enfant – son ancienne maîtresse – une magnifique salle à manger ! Bernard avait été élevé par sa mère dans l'idée qu'un secret planait sur son existence. Elle l'avait en outre plusieurs fois assuré qu'elle ne « partirait pas » sans lui avoir laissé quelques informations sur ce secret. Peu avant de mourir, elle avertit Bernard qu'un document était caché dans le tiroir du buffet de la salle à manger et que ce document lui expliquerait tout ce qu'il devait savoir. Le choix de cette femme de déposer le papier expliquant à son fils ses origines dans le buffet offert par son amant n'était évidemment pas un hasard. Malheureusement, après la mort de sa mère, Bernard ne trouva pas le document dans le fameux buffet. Il semblerait, d'après les recherches faites bien des années plus tard par Ginette, que les demi-frères de Bernard (issus de la même mère que lui mais du mari de celle-ci et non de son amant) aient subtilisé le papier... Quoi qu'il en soit, cette salle à manger acquit ainsi une importance considérable pour Bernard. On comprend qu'il la garda précieusement tout au long de sa vie ! Ginette se souvient que, de toutes les pièces de mobilier, c'étaient les seules dont son père n'avait pas voulu se séparer. Après la mort de Bernard, sa femme avait fait des changements importants. Elle s'était débarrassée de la table et des chaises de la salle à manger, mais jamais du buffet ! Sans doute cette femme avait-elle ainsi respecté inconsciemment le désir qu'avait eu son mari d'y trouver le secret de ses origines, et aussi son désir qu'un jour leurs enfants y découvrent le secret que leur père avait tellement désiré connaître.

Un secret caché dans un livre favori

La difficulté qu'éprouvent les enfants à questionner leurs parents sur un secret de famille détourne souvent leur curiosité vers des pôles d'intérêt apparemment sans lien avec celui-ci. Pourtant, il est non moins fréquent que ces centres d'intérêt les ramènent à ce secret familial... et cela à l'insu de tous, parfois des enfants eux-mêmes ! Bien souvent, un enfant se passionne pour un roman, une BD ou un film qui lui évoquent secrètement sa propre situation. Ses rêveries autour du secret qu'on lui cache s'organisent alors à partir de ce roman, de cette BD ou de ce film. Il sera bien difficile, plus tard, de faire la part, dans les productions psychiques personnelles de l'adulte qu'il sera devenu, de l'influence des événements familiaux tenus secrets et de celle de ces premiers supports de rêverie. Un exemple fameux d'une telle situation est l'histoire de Hergé. Le créateur des *Aventures de Tintin* fut en effet confronté, alors qu'il était enfant, à un grave secret familial. Il organisa une grande partie de ses rêveries d'enfance autour de ce secret et étaya celles-ci par ses lectures. Ce sont ces deux sources – les rêveries développées à partir du secret familial et celles composées à partir de textes qui pouvaient y renvoyer le jeune Hergé – qui constituent le ressort dramatique des *Aventures de Tintin*. Précisons rapidement cette histoire[1].

La grand-mère de Hergé avait eu deux enfants – des jumeaux – sans ni être mariée ni vivre en couple. Les deux garçons – le père et l'oncle de Hergé – avaient donc porté le nom de jeune fille de leur mère pendant leurs premières années. Lorsqu'ils eurent sept ans, un mystérieux mariage blanc, arrangé par une non moins mystérieuse comtesse, avait permis aux deux garçons de prendre le nom de

---

1. Pour plus de précisions, je renvoie le lecteur à *Tintin chez le psychanalyste* (Aubier, 1985), et *Tintin et le Secret d'Hergé* (Hors Collection, 1993).

« Remi ». Plus tard, Georges Remi, le fils aîné de l'un des deux jumeaux, se rebaptisa lui-même en prenant le pseudonyme de « Hergé ». Le secret qui environna son enfance portait donc sur l'identité de son grand-père, l'inconnu qui avait fait deux enfants à sa grand-mère. Tantôt on disait au jeune Hergé que cet homme « passait par là... » et qu'il n'avait pas d'importance. Tantôt, au contraire, on lui disait, l'air mystérieux : « On ne te dira pas de qui tu es le petit-fils, cela te monterait à la tête ! » A tel point que le jeune Hergé pouvait parfois croire être de haute origine et descendre d'un noble, voire du roi des Belges lui-même ! L'autre source des rêveries d'enfance du jeune Hergé est parfaitement complémentaire de la précédente. Celui-ci, devenu adulte et dessinateur, a raconté combien, durant toute son enfance, il a littéralement été « captivé » par le roman *Sans famille* de Hector Malot. Même si ce livre a laissé un vif souvenir à de très nombreux jeunes lecteurs, on peut imaginer qu'Hergé y fut, pour des raisons très personnelles, particulièrement sensible. Ce roman raconte en effet l'histoire d'un enfant prénommé Rémi, c'est-à-dire – à un accent près – le même nom qu'Hergé qui, à l'époque, s'appelle encore Georges Remi. En outre, le jeune héros, enlevé à ses parents d'origine noble à la naissance, est élevé par de pauvres gens. Dans cette famille d'accueil, l'un des frères se prénomme Alexis, comme le père de Hergé, et l'une des sœurs Lise, presque comme la mère de Hergé qui s'appelle Lisa ! On imagine l'émotion produite chez le jeune Georges par tant de coïncidences. Hergé ne pouvait pas questionner ses parents sur les origines nobles de son père, mais il trouvait dans la lecture de *Sans famille* une résonance à ses propres questions condamnées à rester sans réponse.

Sa passion pour le livre d'Hector Malot accapara donc toute la curiosité frustrée de Hergé à propos des origines peut-être nobles de son père. Par ses rêveries développées autour de ce roman, Hergé prolongeait sa quête de la vérité familiale tout en se la cachant à lui-même. Lorsqu'il fit plus tard œuvre créatrice, il retrouva tout naturellement le chemin de cette lecture qui avait eu tant d'importance dans la mise en forme de son questionnement d'enfant à propos du secret familial. Il fit de son héros Tintin un voyageur infatigable, à l'image du jeune Rémi de *Sans famille*. Il lui donna pour compagnon un petit chien blanc comme le chien favori de Rémi nommé Capi, le diminutif de « Capitaine ». Et lorsqu'il imagina un ami fidèle pour Tintin, il fit de lui un capitaine bien réel, le fameux Haddock, en souvenir du « Capi » du roman de Hector Malot. Enfin, le nom du château familial des ancêtres de

Haddock rappelle également celui de la famille noble du héros de *Sans famille* : le château des ancêtres de Rémi portait le nom de « Milligan », formé à partir du mot anglais *mill* qui signifie « moulin »... et Hergé appela le château des Haddock « Moulinsart » !

Ainsi parfois, un enfant prend des secrets utilisés dans des œuvres de fiction comme modèle explicatif de ses propres secrets familiaux. Si Hergé fit du chevalier de Hadoque le fils non reconnu de Louis XIV, c'est parce qu'il avait lui-même rêvé que son père était né de famille noble, voire royale ! Mais le fait que sa grand-mère ait été servante dans un château avant d'être enceinte de son père n'est certes pas suffisant pour prouver l'origine noble de celui-ci. Cet ancêtre énigmatique peut tout aussi bien avoir été un ami de la famille, un industriel de passage ou tout autre personnage dont l'identité a dû être gardée secrète pour une raison inconnue…

Un secret caché dans la bibliothèque familiale

Claude, appartenant à une famille très aisée d'Auteuil, est bouleversé, à l'âge de quatorze ans, de s'entendre traiter de « sale Juif » par un camarade de classe. Questionné à ce sujet, son père lui apprend qu'il est en effet, comme l'ensemble de sa famille, d'origine juive.

Claude ne parvient pas à obtenir beaucoup plus d'explications. Il continue en particulier à tout ignorer des souffrances qu'aurait pu vivre sa famille, comme tant d'autres Juifs, pendant la dernière guerre. A ses questions sur des disparitions éventuelles, le père de Claude répond ne rien savoir. Mais quelques années plus tard, Claude découvre, sur le plus haut des rayons de la bibliothèque familiale, un recueil donnant les noms des Juifs victimes des persécutions nazies. Ceux de divers membres de sa famille s'y trouvent méticuleusement soulignés en rouge ! Le secret que son père voulait garder vis-à-vis de Claude était donc soigneusement inscrit dans un ouvrage de la bibliothèque familiale.

On pourrait multiplier les exemples de secrets, cachés d'un côté, mais indiqués d'un autre. Il reste à préciser ces « suintements » et ces « cachettes » des secrets par la prise en compte des effets qu'ils ont sur plusieurs générations.

Un secret peut en cacher un autre

Il arrive qu'un secret de famille favorise la reproduction à l'identique d'une situation d'une génération à l'autre, un peu comme un appareil à photocopier multiplie les exemplaires d'un même document. Pourtant, de telles reproductions sont plutôt le fait de situations qui ne sont pas ignorées des enfants, et qui provoquent chez eux des identifications puissantes soutenues par la tentative de l'enfant (puis de l'adulte qu'il devient) de ressembler à son parent. Par exemple, les filles nées de mère célibataire, et qui ne l'ignorent pas, deviennent bien souvent elles-mêmes des mères célibataires ! Les secrets de famille proprement dits produisent rarement de telles reproductions « simples ».

En effet, ce n'est pas le contenu du secret qui est pathogène, mais les processus où l'enfant s'est trouvé engagé par le secret, autant pour s'en accommoder que pour le soutenir. Par exemple, les enfants élevés par un parent porteur de secret peuvent être tentés de « réaliser aveuglément des activités qui comportent la solution imaginaire des problèmes d'un parent », comme l'écrit Claude Nachin[1]. Tel était le cas de cette jeune fille autrichienne qui s'était mariée, en 1960, à l'âge de vingt ans, avec un garçon juif, sans trop savoir pourquoi. Longtemps après son divorce, elle mit ce choix en relation avec l'atmosphère mystérieuse qui accompagnait ses visites à son père, dans un camp très surveillé, après la guerre. Celui-ci avait été SS ! D'autres fois, ces enfants élevés par un parent porteur de Secret évitent toute leur vie ce qui pourrait réveiller en eux le souvenir d'un drame qu'ils ont imaginé avoir été vécu par ce parent. Mais, très souvent, les effets des secrets ont peu de relation apparente avec ceux-ci. Il n'est pas rare notamment que les secrets produisent eux-mêmes des secrets... Importants ou anodins, ces « nouveaux secrets » permettent à celui qui a été soumis à un secret familial de se venger en quelque sorte des secrets subis en créant les siens. Il n'en est plus la victime, mais l'agent ! Ils permettent aussi, en banalisant le secret, d'écarter toute tentation de condamner les parents pour

1. Cl. Nachin, *Les Fantômes de l'âme,* Paris, L'Harmattan, 1993.

les secrets qu'ils ont eux-mêmes gardés. Attention ! Un secret peut en cacher un autre.

QUAND LES LANGUES SE DÉLIENT...

Chacun sait que la survenue d'un événement qui en rappelle un autre plus ancien peut amener à parler du premier. Jocelyne et Pierre sont mariés depuis douze ans et ne parviennent pas à avoir d'enfant. Les examens médicaux révèlent une déficience chez Pierre. Refusant l'insémination artificielle, les époux décident d'adopter un enfant. Au bout de trois ans d'attente, leurs démarches aboutissent à la grande joie à la fois des parents et des grands-parents. Ceux-ci sont heureux d'avoir un petit-fils, mais aussi de voir leurs fils et fille respectifs enfin comblés. Le père de Pierre se met alors à parler de sa propre enfance d'une manière beaucoup plus fréquente et prolixe qu'il ne l'avait jamais fait auparavant. Il parle en particulier de la manière dont lui-même a été adopté et des circonstances qui ont accompagné son enfance. Pierre était au courant de l'adoption de son père, mais il ne l'avait jamais entendu en parler aussi facilement et abondamment.

Dans cette famille, la répétition a donc « libéré les langues » et favorisé les confidences. L'annonce de la décision de Pierre et

Jocelyne d'adopter un enfant, trois ans auparavant, n'avait rien provoqué de semblable. C'est seulement lorsque l'enfant fut adopté et installé dans le foyer de Pierre et Jocelyne que le père de Pierre commença à parler de sa propre situation d'enfant adopté. Ainsi n'est-il pas rare que la survenue d'un événement dans une famille favorise le récit, par d'autres membres de cette famille, d'événements semblables qu'ils ont vécus précédemment et dont ils ont gardé jusque-là secrètes les conditions précises.

Il en est de même pour les secrets de famille. Les situations gardées secrètes, parce que vécues avec honte ou angoisse, font bien souvent l'objet d'une confidence au moment où elles se répètent chez un autre membre de la famille. Par exemple, une femme ayant vécu tragiquement un avortement se mettra à en parler lorsque sa fille devra elle-même avorter. La question se pose alors de savoir dans quelle mesure les répétitions, lorsqu'il existe des secrets de famille, correspondent à la tentative des enfants de rétablir le dialogue familial autour d'un événement tenu secret.

Daniel est père d'une petite fille âgée de cinq ans qu'il a eue d'une femme avec laquelle il ne vit pas. La difficulté est d'autant plus grande pour lui que son père tente de le dissuader de reconnaître officiellement cette enfant ou même d'établir des liens affectifs avec elle. Au fur et à mesure de ses réflexions autour de ses propres hésitations et des difficultés supplémentaires créées par l'attitude de son père, Daniel commence à se souvenir d'une situation troublante qu'il a vécue dans son adolescence. En effet, à l'âge de seize ans, Daniel a appris de la bouche de sa mère que son père avait un autre garçon que lui ! Daniel n'a jamais vu cet enfant, devenu un homme aujourd'hui, et n'a aucun souhait de le rencontrer. Il se souvient que la révélation de sa mère n'avait pas provoqué chez lui de très grande surprise sans qu'il parvienne aujourd'hui à s'expliquer pourquoi. En fait, il est probable que Daniel avait pressenti cette vérité que son père avait cherché à dissimuler.

Persuadé que ce secret ne concernait que son père, Daniel pensait n'avoir en aucune manière été perturbé par sa révélation. Pourtant, il apparaît que le secret confié à Daniel n'a pas mis fin aux clivages de celui-ci. Avant que le secret ne lui soit révélé par sa mère, Daniel était « coupé en deux » : d'un côté, il ignorait le secret de son père et vivait comme s'il n'existait pas ; d'un autre côté, il pressentait ce secret et tentait de mettre en place les conditions pour en soulager son père. Mais après la divulgation du secret, ce clivage avait subsisté : une partie de Daniel était convaincue que ce secret n'avait pas d'influence sur lui puisqu'il était celui de son père et pas le sien ; une autre partie de lui-même continuait de tenter d'alléger le fardeau de son père. En se mettant lui-même dans la situation d'avoir à son tour un enfant non reconnu, Daniel reproduisit la position initialement vécue par son père, entretenant par là l'illusion inconsciente de pouvoir préserver la communication avec celui-ci.

C'est finalement lorsqu'il fut reconnu par son propre père comme un interlocuteur possible du secret (c'est-à-dire au moment où il put commencer à parler avec son père du secret de ce dernier) que Daniel fut en mesure de reconnaître son propre enfant d'une façon satisfaisante.

Le secret révélé par la répétition

Pierre est un homme de trente-trois ans. Il a très bien vécu la naissance de son premier enfant. La venue d'un second lui pose par contre de graves difficultés qui se traduisent par des moments d'agressivité envers son épouse et d'importants sentiments de rejet pour cet enfant. S'étant longuement interrogé sur son malaise, Pierre finit par découvrir incidemment un début de réponse dans son histoire généalogique. Ses arrière-grands-parents avaient eu quatre enfants, tous des garçons. Le deuxième et le troisième étaient morts en bas âge, et le quatrième, que la maladie avait failli emporter, était toujours resté de santé fragile. Curieusement, l'histoire sembla se répéter à la génération suivante. Le seul des deux garçons survivants à avoir des enfants fut l'aîné, qui était aussi le grand-père de Pierre. Il eut à son tour deux garçons : le premier se développa normalement (c'était le père de Pierre) ; l'autre devint malade mental. Le père de Pierre eut lui aussi deux garçons : l'aîné, Pierre, réussit brillamment dans sa vie professionnelle alors que son frère cadet devint un grand toxicomane. Pierre comprend, à la lumière de ces souvenirs, que son angoisse d'être confronté à la naissance d'un second garçon ne lui appartient pas en propre, mais qu'elle a traversé successivement plusieurs générations. Tout se passe comme si une « malédiction » frappait systématiquement la famille à l'occasion de la naissance d'un cadet. Il est possible que cette « malédiction » soit liée à un secret familial antérieur. Les secrets familiaux dont le contenu a été oublié peuvent continuer à produire de tels effets.

Les répétitions concernent parfois des maladies somatiques sans qu'on puisse exactement en préciser les mécanismes. Ce qui est certain, c'est que, là encore, la répétition délie souvent les langues comme dans le cas de Grégory.

Grégory, âgé de vingt-deux ans, est séropositif. A la différence d'autres malades dans la même situation, Grégory a développé le sida avec une rapidité foudroyante. Sur le point de mourir, il reçoit la visite de sa mère, Mme A. Celle-ci, en pleurs, lui révèle être d'autant plus bouleversée qu'elle le voit mourir dans des conditions fort semblables à celles du décès de son propre père. En effet, le père de Mme A. avait développé, d'après ce qu'elle avait pu en apprendre, une syphilis foudroyante, alors qu'elle-même était bébé. Les causes de ce décès étaient toujours restées secrètes, à la fois en raison du caractère honteux, à l'époque, de cette maladie, et de l'atteinte mentale qui l'avait accompagnée chez le grand-père de Grégory. Ce n'est donc qu'une fois devenue adulte que Mme A. avait connu la vérité. Ses relations avec sa propre mère avaient toujours été problématiques du fait des mensonges que celle-ci avait cru bon d'inventer pour « protéger sa fille ».

S'il est difficile d'imputer l'apparition d'un sida à l'existence d'un secret familial, on peut néanmoins se demander, face à une telle situation, dans quelle mesure l'évolution si rapide de la maladie de Grégory a pu être liée au secret qu'il pressentait. En tout cas, une fois de plus, se révèle ici la fatalité de la répétition provoquée par un secret familial : le petit-fils répète le destin tragique de son grand-père mort de maladie « honteuse ». Et c'est lorsque Grégory va mourir, tout comme son grand-père, que sa mère peut lui confier à la fois son secret et sa douleur. Ici encore, la répétition s'impose après coup comme le moyen par lequel l'enfant issu d'une famille à secret retrouve la possibilité de communiquer avec ses parents. Ce désir obéit moins à une visée altruiste qu'au souhait de rendre les parents à nouveau disponibles pour soi. Le drame est que, une fois la maladie engagée, la mise dans le secret de l'enfant qui en était exclu ne suffit plus à inverser le cours du destin.

Le goût du secret

Nous avons évoqué le fait qu'être élevé dans une famille à secret produit souvent une tendance à créer soi-même des secrets plus tard, dans sa vie d'adulte. Daniel, dont l'histoire a été évoquée plus haut, avait toujours éprouvé le besoin de ménager de petits secrets avec ses camarades de classe, puis avec ses compagnes et ses amis. Il mettait lui-même cette propension personnelle au secret en rapport avec l'atmosphère familiale de secret destinée à cacher la vie de son père avant sa naissance.

Plus grave est le cas d'Edouard. Après une première fugue de chez ses parents à l'âge de treize ans, Edouard s'est progressivement éloigné de ses projets professionnels – devenir médecin – pour évoluer vers la toxicomanie. Après quelques expériences banales de consommation de hachich avec des camarades, il s'accroche rapidement à l'héroïne. Ses premières prises correspondent d'abord à des moments de séparation d'avec son frère dont il avait été très proche dans l'enfance et qu'il quittait toujours difficilement lorsqu'il le revoyait. Alors qu'il est âgé de vingt-deux ans, sa tante, gravement malade, choisit de lui confier un secret familial : son frère – qui est aussi le frère de sa mère – est allé en prison pour un vol grave. Cette incarcération a été très mal supportée par la mère d'Edouard qui était très proche de ce frère. C'est à la suite de cette confidence que je rencontre Edouard. Sa toxicomanie, apparue d'abord dans les moments de retrouvailles et de séparation d'avec son propre frère, apparaît progressivement étroitement liée au secret familial. Enfant, il a assisté aux dépressions et aux angoisses de sa mère et il a vaguement compris l'existence d'un drame portant sur une transgression et une séparation. La toxicomanie, croisée par hasard comme c'est le cas pour beaucoup d'adolescents, a représenté un moyen de mettre en scène ce qu'il avait pressenti du secret qu'on lui cachait. Par la prise d'un toxique et l'état de silence et de repliement sur soi qui le suit, Edouard met en scène la nécessité du silence : il devient en quelque sorte sa mère repliée sur son secret douloureux. Faute de pouvoir échanger avec elle, il devient « elle ». En outre, en s'engageant dans le milieu de la drogue et dans tous les secrets qui lui sont liés, Edouard fait plus que trouver une famille de substitution. Il légitime en quelque sorte les secrets de sa propre famille. Non seulement les mensonges et les secrets des transactions liées à la drogue lui paraissent naturels, mais sa facilité à les accepter fonctionne pour lui comme une façon de disculper ses parents du secret dont ils l'avaient tenu à l'écart, ainsi que du sentiment tragique d'exclusion qui en avait résulté pour lui.

Une peur irraisonnée

Patricia est âgée de vingt-six ans. Elle présente une phobie grave des pieds nus : elle éprouve une grande angoisse lorsqu'elle voit quelqu'un pieds nus et cette angoisse s'accompagne de craintes importantes pour la santé de cette personne. Par exemple, voyant son compagnon pieds nus, Patricia craint immédiatement pour sa santé et même pour sa vie. Elle redoute un accident grave, comme de marcher sur un clou rouillé, alors qu'une telle éventualité est bien improbable dans leur appartement parisien. Quant à ses propres pieds, elle ne peut pas les voir nus sans éprouver également une forte angoisse. Elle doit même détourner son regard de leur vue quand ils ne sont pas dissimulés par des chaussettes ou des pantoufles.

Cette femme se trouve profondément handicapée dans la relation avec son bébé. Les moments où elle le change, qui devraient être l'occasion de jeux et de communication agréables avec lui, sont des moments d'angoisse aiguë parce qu'elle est alors obligée d'apercevoir ses pieds. Patricia a mis en place diverses conduites d'évitement comme de dénuder le moins possible les pieds du bébé en lui laissant presque constamment des chaussons. Mais il est à redouter que ce comportement, lorsque le bébé grandira, ne devienne profondément perturbateur pour lui. Comment pourra-t-il comprendre l'angoisse de sa mère relative à ses pieds nus ? En effet, si Patricia tente de cacher ses inquiétudes derrière des raisons du genre : « Mon bébé risque d'attraper froid », ces raisons pourront difficilement tenir lorsque l'enfant sera grand. Il sera alors probablement partagé entre deux tendances opposées : soit donner raison à sa mère et lui obéir parce que c'est sa mère ; soit au contraire adopter une conduite conforme aux comportements sociaux courants. Quel que soit son choix, il en résultera un déchirement de sa personnalité et, si les angoisses de sa mère l'ont beaucoup affecté, des difficultés sur la voie de sa propre socialisation. Comment aller à la gymnastique lorsque ses pieds ont été en quelque sorte coupés de soi par l'ignorance et l'angoisse dans laquelle le regard maternel les a tenus ? Or, Patricia découvre, à l'occasion d'une psychothérapie, que sa phobie des pieds nus est en relation avec un secret familial qu'elle parvient peu à peu à reconstruire. Lorsqu'elle était toute petite, son grand-père s'est suicidé en se pendant. Elle avait alors entendu dire autour d'elle que son grand-père, prénommé Joseph, « s'était pendu ». Ce mot, « pendu », Patricia était incapable de le comprendre. Elle avait donc transmis sa charge d'angoisse à un groupe verbal qui lui était plus directement accessible, le groupe « pieds nus ». Ainsi l'on voit que la phobie de Patricia résultait d'un double déplacement : d'une part, l'angoisse de ses parents autour de la pendaison de son grand-père avait généré sa propre angoisse ; et d'autre part, l'angoisse attachée au « pendu » s'était transmise aux « pieds nus ». Il peut arriver, de cette façon, qu'un symptôme se constitue par simple association phonétique avec les mots cachés d'un secret. Telle est la logique de l'inconscient !

La difficulté d'apprendre

Les effets d'un secret sur l'apprentissage sont le plus souvent négatifs. Et même lorsqu'ils engagent l'enfant dans des activités créatrices, c'est souvent d'une façon acharnée et douloureuse pour lui-même.

L'enfant confronté à l'existence d'un secret qu'il pressent, et sur lequel il ne se sent pas en droit de poser de questions, peut réagir de plusieurs façons. Parfois sa curiosité disparaît totalement. Il devient globalement inhibé, ce qui peut entraîner une baisse importante de ses résultats scolaires. Paradoxalement, cette chute de son niveau scolaire peut s'accompagner d'une intense curiosité intellectuelle pour des domaines où il est obligé d'apprendre seul. Une telle particularité s'explique par le fait que l'existence du secret qu'il pressent a conduit l'enfant à perdre confiance en ses parents et, par extension, dans les adultes tenant lieu d'autorité, comme les instituteurs ou les professeurs. Il ne peut alors apprendre que par lui-même dans un contexte débarrassé de toute inquiétude relative à l'impossibilité de faire confiance à un pédagogue. Il devient dans le meilleur des cas un enfant autodidacte, c'est-à-dire qui ne peut apprendre qu'en dehors de tout lien pédagogique.

Dans d'autres cas, la curiosité de l'enfant se tourne vers des domaines sans aucune relation apparente avec le secret d'origine comme la chasse aux papillons ou la géologie. L'enfant accepte alors d'établir une relation pédagogique avec un maître ou un parent autour de ce seul domaine. Lorsque de tels enfants viennent en psychothérapie, il apparaît toujours que leur curiosité pour ce domaine est en continuité inconsciente avec ce qu'ils ont pressenti d'un secret familial. Parfois, c'est vers la recherche scientifique qu'ils se tournent. La science est en effet le seul domaine où la curiosité est non seulement encouragée, mais même valorisée. La polarisation de son attention par un domaine sans rapport avec le secret initial permet également à l'enfant de contenir ses pensées émotionnelles liées au secret, pensées d'autant plus pénibles qu'elles sont chargées de culpabilité. Un enfant soumis au secret ne peut en effet jamais écarter totalement de son esprit des questions douloureuses comme : « Mes parents me mentent-ils ? » et surtout : « Pourquoi me mentiraient-ils ? »

D'autres fois encore, l'enfant qui pressent un secret peut vivre la situation comme un grave manque de confiance de ses parents à son égard. Pourquoi ne lui en parlent-ils pas ?

Penseraient-ils qu'il ne sait pas tenir sa langue ? Ou bien qu'il est trop petit ? Il se sent « grand» pourtant. L'enfant réagit alors à ce qu'il vit comme un manque de compréhension, voire comme une forme de mépris, par des comportements d'opposition violents apparemment dénués de tout sens, comportements rapidement qualifiés de « caprices » ou de « crises de nerf » par les parents. Par de tels comportements, l'enfant tente en fait de se débarrasser des angoisses et des tensions que le silence parental fait naître en lui.

Il arrive également que les questions de l'enfant ne paralysent pas seulement ses possibilités de penser et de nouer des liens. Elles peuvent bloquer la dynamique normale qui pousse l'enfant, à partir de l'adolescence, à s'éloigner de ses parents et à organiser sa propre vie. En effet, comment se séparer d'un parent quand la relation avec lui a été entravée par l'existence d'un secret douloureux ? L'enfant fait en sorte de rester auprès de son parent avec l'espoir fou de lui permettre un jour de s'en soulager. Ainsi se nouent des couples parent/enfant dans lesquels un fils ou une fille choisit de vieillir avec l'un de ses deux parents – père ou mère, peu importe – plutôt que de mener sa vie d'adulte. De telles situations relèvent souvent moins de situations œdipiennes mal résolues que de la problématique des secrets de famille : le rejeton attend le dévoilement du secret, pas tant pour « connaître la vérité » que pour libérer son parent de son pesant fardeau.

Il y a des paroles de parents qui rendent l'éloignement d'un enfant très problématique. Par exemple celles-ci : « Il y a un secret que je ne peux pas te dire. C'est trop horrible. Je ne peux pas t'en parler. » Ces propos ont toujours pour sous-entendu : « Trouve le secret tout seul, sans que j'aie à te le dire. » De telles insinuations piègent l'enfant puis l'adulte qu'il devient, dans la nécessité d'imaginer *à tout prix* ce dont a souffert son parent, afin de pouvoir l'en soulager.

Parfois ces enfants finissent par douter de la véracité de leurs observations et de leurs perceptions. Ils sont rongés de doutes sur le sens de ce qu'ils éprouvent, le sens de leur vie, et finalement leur propre équilibre mental. D'autres fois, ils se perçoivent comme des étrangers dans leur propre maison et finissent par devenir des étrangers à eux-mêmes. Et pourtant, la plupart des secrets gardés dans une famille le sont avec les meilleures intentions du monde !

Une création douloureuse

Il arrive aussi que l'enfant tente de mettre des images sur ce qu'on lui cache. C'est ainsi qu'il peut devenir terrorisé par tout ce qui lui évoque, par proximité symbolique, géographique ou phonétique, le secret familial qui lui a été caché. C'est ce qui se passait dans le cas de Patricia évoqué plus haut. D'autres fois, cet effort pour se rapprocher du secret ne concerne pas une angoisse attachée à un objet, mais la création d'images. L'enfant s'adonne au dessin ou à la photographie et il continue éventuellement, cette activité à l'âge adulte. Les images occupent en effet par rapport aux secrets une place privilégiée. Ce qu'il est interdit d'approcher avec des mots, il n'est pas interdit de l'approcher à travers des images ! Dans ses créations, l'enfant se rapproche alors, à l'insu de l'adulte porteur de secret – mais aussi parfois avec sa complicité plus ou moins consciente –, de ce qu'il a pressenti comme une vérité familiale indicible. Tel était le cas de cet enfant qui dessinait sans arrêt des pendaisons de cow-boys et d'Indiens alors que son propre père s'était suicidé par pendaison, mais que sa mère avait jugé bon de cacher les conditions de ce décès ! Quant aux rêveries que l'enfant se construit autour du secret, il s'en faut qu'elles reflètent celui-ci. Et pour cause ! Il est censé en ignorer le contenu et même parfois l'existence ! Ces rêveries sont des constructions complexes qui mêlent à la fois les bribes d'information recueillies par l'enfant dans ses contacts avec ses parents, ses propres fantasmes à propos de ce qu'il croit avoir compris, mais aussi les fantasmes que ses parents ont construits ou construisent autour du secret indicible puisqu'il est confronté à ceux-ci à travers leurs paroles et leurs comportements. Cette situation peut exacerber ses possibilités créatrices. Il investit alors toutes ses possibilités psychiques – parfois aux dépens de sa vie amoureuse ou même de sa santé – dans la réalisation d'une œuvre qui tente d'approcher au plus près, bien que de façon toujours « cryptée », le secret qu'on lui a caché. Tel a été notamment le cas de Hergé.

On ne peut pas dire pour autant que le secret favorise la création : les personnalités qui parviennent à canaliser dans une création leurs souffrances psychiques liées à l'existence d'un secret sont en effet rares. Il serait plus juste de dire que le secret participe, avec d'autres éléments, à l'organisation de la créativité en privilégiant les constructions fantasmatiques élaborées sous l'effet du secret par le créateur dans son enfance.

Guérir des secrets

Le fait de pouvoir consacrer un livre aux secrets montre que beaucoup ne sont plus un objet de honte comme il y a encore quelques décennies. L'évolution des mœurs sexuelles, la légalisation de l'avortement, la simplification et la généralisation de l'adoption ont rendu caducs un grand nombre de secrets traditionnels. De même, les secrets liés aux différences de religion dans les mariages « mixtes » ont aujourd'hui disparu, en France tout au moins.

Pourtant, cette évolution des mœurs ne doit pas nous faire oublier qu'il peut toujours exister des causes nouvelles de Secret. Le sida peut en constituer une, en particulier lorsqu'il révèle à l'un des conjoints un volet de la sexualité de l'autre jusque-là ignoré et que cette découverte douloureuse est cachée aux enfants qui la suspectent. Quant aux guerres, elles restent une source importante de Secrets par les traumatismes intenses qu'elles infligent à leurs acteurs et par l'obligation de silence à laquelle ceux-ci sont tenus, mais aussi à laquelle ils se tiennent eux-mêmes pour ne pas « traumatiser » leur famille. Qui dira ce qu'ont vécu les militaires pendant la guerre du Golfe ? Quelques blessés français pour deux cent mille morts irakiens, cela fait sans doute pas mal de scènes d'horreur secrètes conservées dans la mémoire et dans le cœur des soldats de notre pays !

Comment faire alors pour éviter les effets pernicieux des secrets et des clivages qu'ils provoquent ? Comment en guérir pour en guérir nos proches ? Tout d'abord, il est essentiel d'éviter leur constitution. Toute situation vécue dans la souffrance ne doit pas être acceptée comme « naturelle » ou « fatale ». Il est essentiel de parler aux enfants de tout ce qui concerne leur origine, la nôtre, et plus précisément d'évoquer avec eux tout ce qui nous préoccupe sans qu'il soit besoin de rentrer dans les détails. Une telle attitude leur évitera de se croire la cause principale de tous nos soucis, ou de découvrir un jour qu'ils ont été pendant des années ces exclus d'une partie de la vie familiale qui pourtant les concernait. Et s'il est difficile à certains parents de parler de secrets douloureux à leurs enfants, il leur faut savoir qu'une aide est toujours possible.

Eviter le secret

A l'occasion d'une consultation psychologique dans un hôpital général, je reçois Mme B., accompagnée de sa fille et de ses deux fils, respectivement âgés de vingt-sept, vingt-cinq et vingt et un ans. Ils viennent me voir sur le conseil de leur médecin de famille pour me parler de M. B. Celui-ci, âgé de cinquante-huit ans est plongé dans un coma profond et maintenu en vie artificiellement depuis deux ans. Son cerveau est détruit et il n'y a plus aucun espoir qu'il puisse sortir de son coma. Sa femme, sa fille et ses deux fils sont intervenus auprès du médecin pour arrêter le traitement. Ils souhaitent en effet pouvoir terminer leur travail de deuil d'un homme qu'ils considèrent comme déjà mort. Pour eux, les funérailles seraient la conclusion d'une situation qu'ils estiment acquise. Au cours de l'entretien, je découvre que M. et Mme B. ont un autre fils, Philippe, âgé de treize ans, placé depuis deux ans chez une tante en Bretagne. Philippe a été maintenu à l'écart du coma de son père dont il connaît pourtant l'existence. Intrigué par cette situation, je pose des questions précises qui me permettent d'apprendre que le coma de M. B. est en fait consécutif à une tentative de suicide. L'éloignement de

Philippe n'est pas dû à une éventuelle difficulté matérielle de s'occuper de lui, mais au désir de sa mère et de ses frères et sœurs de le tenir dans l'ignorance de ce suicide. J'insiste pour voir le garçon. Quelques semaines plus tard, sa mère me l'amène. L'entretien avec le jeune garçon révèle qu'il est très préoccupé par l'idée de la mort et hanté par des images terrifiantes en rapport avec le suicide de son père. Celui-ci s'est en effet défenestré et Philippe présente une phobie des espaces vides avec crainte de se jeter par la fenêtre. En outre, il est obsédé par des images de fractures sanglantes. Convaincu que Philippe doit être informé du suicide de son père, j'arrive à persuader sa mère de briser le secret. Il est probable qu'un important risque de suicide a été ainsi écarté pour Philippe ou, tout au moins, le risque de tendances suicidaires aboutissant à des conduites dangereuses. Par ailleurs, en parlant à Philippe de la mort de son père, sa mère a rétabli la confiance entre elle et lui, assurant ainsi à son fils de meilleures chances pour l'avenir.

Accepter les autres et nous accepter nous-mêmes

Puisque le propre des secrets est de produire des effets sur plusieurs générations, leur

« guérison » peut être envisagée à deux niveaux. D'une part, celui des secrets dont nous sommes nous-mêmes les porteurs et qui peuvent nuire aux générations suivantes et, d'autre part, celui des secrets dont nous sommes les victimes à la seconde ou troisième génération. Dans les deux cas, le « traitement du secret » passe d'abord par la nécessité de nous guérir de l'idéalisation. Nous avons vu en effet combien les secrets sont entretenus par le désir que nous avons d'idéaliser nos parents et par celui de paraître parfaits aux yeux de nos propres enfants. Faire le deuil de la perfection pour nous-mêmes, nos parents et nos enfants est la *première* condition pour éviter que nos enfants ne s'engluent dans nos propres conflits irrésolus. Pour accepter et surmonter les secrets de famille, il est essentiel de reconnaître que la réalité de notre existence et de l'existence de ceux que nous aimons est éloignée de l'idéal que nous nous en faisons.

La *seconde* condition, liée à la première, est de renoncer à guérir nos parents perturbés et souffrant de secrets indicibles : il n'est pas en notre pouvoir de les soulager de leurs douleurs secrètes. Mais ce renoncement n'est pas si facile ! Portés par l'illusion de toute-puissance qui a bercé d'abord notre enfance, nous nous sommes cru capables de libérer nos parents de leurs chaînes et de les rendre heureux et disponibles à nos attentes. Même après la mort de nos parents, nous continuons bien souvent à entretenir ce leurre parce que nous avons intégré ce désir de les guérir à l'image que nous nous sommes constituée d'eux. Peut-être avons-nous l'impression que cela ne concerne que nous... Le problème est que nos enfants reprennent ce désir à leur compte dans leur relation avec nous. Ils nous idéalisent et idéalisent leur capacité à pouvoir nous rendre heureux. Ainsi, en ne renonçant pas au désir de guérir nos parents, nous enchaînons nos enfants à la nécessité de nous guérir nous-même, y compris au-delà de notre mort !

Lorsqu'il est question de parler des secrets de famille aux enfants, une question revient toujours : « A quel âge faut-il le faire ? » Je répondrai sans hésiter : « Le plus tôt possible ! » Plus un parent attend et plus il lui devient difficile d'expliquer à son enfant qu'il lui a caché quelque chose d'important pour lui. Pourtant, faut-il vraiment en parler dès le plus jeune âge, alors qu'on peut penser que l'enfant « ne comprend pas encore » ? C'est indispensable pour deux raisons. Tout d'abord, cela permet à l'adulte de trouver progressivement les mots pour s'exprimer. Balbutiant son secret douloureux avec le bébé, il saura trouver les mots justes quand l'enfant aura trois ou quatre ans. La seconde raison pour laquelle il faut en parler le plus tôt possible est qu'on ne sait jamais précisément ce qu'un tout petit enfant peut comprendre ! C'est ce que montre l'exemple de Jeanne évoqué plus haut[1]. Ses parents avaient décidé de lui confier un secret qui concernait son frère aîné : celui-ci était né d'un premier mariage de la mère mais, par crainte de « choquer » sa petite fille, la mère avait décidé, en accord avec son nouveau compagnon, de faire croire qu'il était né du même père. Enfin informée, la petite fille pleura et reprocha violemment à ses parents de lui avoir menti pendant cinq années. Le plus douloureux pour elle semblait être que tous les autres membres de la famille – oncles, tantes, grands-parents... – savaient ce qu'elle-même ignorait. Sa mère, à bout d'arguments pour justifier son silence, demanda finalement à Jeanne à quel moment elle aurait dû, d'après elle, lui dire la vérité. La petite fille lui répondit sans hésiter : « Vous auriez dû me le dire quand j'étais toute petite ; j'aurais rien compris, j'aurais pas pleuré, mais j'aurais tout su.» On ne saurait mieux dire !

Les constructions nécessaires

Lorsque le secret remonte à une génération au moins, il n'est connu que par ses effets.

---

1. Voir supra p. 63-66.

Quelqu'un qui a été confronté à un secret et dont le développement psychique n'a pas été trop contrarié a forcément tenté de deviner ce qu'on lui a caché. Ces constructions lui ont permis de cerner le secret et d'éviter que sa curiosité ne s'y enlise totalement. C'est pourquoi il est capital qu'un tiers en reconnaisse la valeur, que ce tiers soit thérapeute ou simplement membre de la famille. Il serait notamment catastrophique de confondre ces constructions avec ce que Sigmund Freud a appelé le « roman familial des névrosés ». Pour Freud, celui-ci correspondait chez l'enfant à la tentative de résoudre la contradiction douloureuse entre l'amour et la haine qu'il éprouve pour ses parents. En effet, tout enfant hait ses parents autant qu'il les aime, ne serait-ce que pour les contraintes éducatives que ceux-ci lui imposent ainsi que pour les séparations et les frustrations diverses qu'ils lui font subir. Pour se débarrasser de cet angoissant conflit entre amour et haine, l'enfant s'invente des parents imaginaires et parfaits censés être ses « vrais parents ». C'est à eux qu'il réserve son amour. Quant à ses parents réels, il s'imagine qu'ils sont des parents « nourriciers » à la garde desquels il aurait été confié. Ce type de « roman familial » correspondait parfaitement à la société dans laquelle vivait Freud, partagée entre

« maîtres » et « serviteurs ». Les enfants mal nés pouvaient toujours s'imaginer issus de l'aristocratie ! Mais ce schéma ne correspond pas du tout à ce qui se passe lorsqu'il existe un secret. Les constructions effectuées par un enfant confronté à un secret familial sont d'une tout autre nature. Elles correspondent à la nécessité de symboliser des événements survenus réellement à des ascendants, qu'il s'agisse de la génération de ses parents, de ses grands-parents ou même avant. Ces événements, imparfaitement ou partiellement symbolisés par ceux qui les ont vécus, n'ont pas pu trouver leur place dans la vie psychique familiale. Les constructions de l'enfant à leur sujet ne sont donc pas bâties à partir de ses « désirs refoulés » comme c'était le cas du « roman familial » freudien. Elles le sont à partir des traces inscrites dans la famille par des événements réels. Elles sont bien entendu infiltrées aussi par les désirs et les fantasmes de l'enfant au fur et à mesure de leur élaboration, mais de manière seconde.

En définitive, toute approche d'un secret de famille doit éviter deux écueils. Le premier de ces écueils consiste à croire que nous puissions un jour découvrir un secret comme une vérité historique. Une manifestation extrême de cette illusion accompagne souvent la reconstitution de l'arbre généalogique dans une famille. Il est si agréable d'imaginer qu'un secret puisse se révéler dans l'enchevêtrement des branches d'un arbre généalogique un peu comme un oiseau perché sur l'une d'entre elles !

Le second écueil est l'inverse exact du premier. Il consiste à croire que les secrets de famille seraient de pures « inventions » correspondant aux fantasmes – c'est-à-dire aux désirs cachés – d'un membre de la famille.

Les constructions faites par un enfant autour de ce qu'il pressent qu'on lui cache doivent donc toujours être valorisées comme une manifestation de son intelligence et de sa curiosité. Les proches mis par les parents dans la confidence d'un secret qu'ils ne doivent pas révéler peuvent jouer un grand rôle dans cette reconnaissance. S'ils ne peuvent dire le contenu du secret, ils doivent au moins en reconnaître l'existence ainsi que les souffrances qui l'accompagnent.

Vivre habité par le secret d'un autre

Nous avons vu qu'un enfant soumis à un secret de famille peut être surstimulé dans son imagination. Soumis à des messages tronqués, contradictoires, parcellaires tournant autour du secret qu'il pressent, il mobilise en effet parfois toute son intelligence pour essayer de comprendre celui-ci. Cette compréhension passe d'abord par une tentative de *visualiser* l'objet du secret, c'est-à-dire d'en former des *images psychiques.* Cette accentuation de la fonction imageante chez l'enfant est malheureusement loin d'être la garantie d'une capacité créatrice chez l'adulte. Elle en est même malheureusement souvent l'exact opposé. En effet, l'imagination créatrice se définit par l'aptitude à fabriquer des images toujours nouvelles. Or les images à travers lesquelles un enfant tente de « voir », puis de comprendre un secret familial, risquent de constituer plus tard autant de scènes figées sur lesquelles son imagination viendra constamment buter et échouer. Cette fixation de l'imagination sur des images constituées dans l'enfance est facile à expliquer. Les scènes et les scénarios psychiques construits par l'enfant en réaction au secret l'ont été dans l'espoir de trouver une confirmation ou un démenti chez ses parents. C'est cette attente restée en souffrance, parce que les parents n'y ont pas répondu, qui est le moteur de leur reproduction répétitive. Dans de tels cas, les personnes sont comme hantées par les images à travers lesquelles elles ont tenté, entre trois et cinq ans, de comprendre le secret qu'on leur cachait. Ces images qui ont été ensuite refoulées dans leur inconscient vers l'âge de six ans leur reviennent sous de multiples formes. Cette hantise ne correspond pas seulement à une logique de répétition. Elle obéit à un objectif inconscient précis : obtenir enfin une confirmation ou un démenti ! Mais comme ces mêmes personnes ne peuvent attendre sans fin la confirmation ou le démenti de leurs parents, c'est à l'ensemble de leurs proches qu'elles adressent maintenant leurs énigmes en images ! Ainsi les personnes qui ont grandi dans des familles à secret font-elles facilement état, avec leurs interlocuteurs, des images qu'elles ont formées autrefois pour comprendre l'attitude de leurs parents. Cela, bien entendu, se passe à leur insu. Elles continuent en quelque sorte à poser de façon énigmatique et inconsciente la question d'abord destinée à leurs parents et restée sans réponse, dans l'attente qu'un interlocuteur les aide à mettre en mots et en sens les images qu'elles se sont constituées sous l'effet du secret. Si cette attente a peu de conséquences sur des interlocuteurs occasionnels, il n'en est pas de même sur les proches : amant(e)s, mari ou femme, ami(e)s intime(s), et surtout enfants ! Ces adultes ont en effet de multiples occasions d'imposer leurs scénarios et leurs images privilégiées à leurs enfants : à travers le récit de leur propre enfance, le choix des histoires qu'ils leur racontent ou des livres qu'ils leur achètent, les anecdotes ou les plaisanteries préférées de la famille, les conseils de lecture, les spectacles vus ensemble ou recommandés, etc. Ainsi les histoires que les enfants soumis à un secret se sont inventées pour eux-mêmes finissent-elles par avoir des effets sur leurs enfants. Explorer les images et les comportements que nous avons pu mettre en place à la suite d'un secret qui nous a été caché est la meilleure façon d'en protéger nos propres enfants. C'est même souvent la seule.

Le chemin des solutions d'enfance

Quand un patient vient en psychothérapie, alors qu'il a été soumis, enfant, à un secret, il propose à son thérapeute ces mêmes histoires dans l'espoir que celui-ci lui en donne enfin le sens. Cela ne va pas sans poser un grave problème. Les parents qui gardent un secret peuvent comprendre le sens des rêveries qu'un enfant s'est construit pour tenter de le comprendre. Mais le psychothérapeute, lui, ignore tout du secret des parents du patient qu'il a maintenant en face de lui ! La seule possibilité qui s'offre donc au thérapeute est de tenter de retrouver, avec l'aide de son patient, les émotions qui ont accompagné les constructions imaginatives de celui-ci. En effet, si un enfant soumis aux influences de parents porteurs de secret se construit des scénarios imaginaires, c'est à la suite des émotions intenses qu'il éprouve à leur contact : la colère, la honte, la culpabilité, le sentiment d'être rejeté du groupe familial censé partager un secret dont il est exclu... C'est sur cette base émotive que l'enfant soumis à un secret et qui ne peut exprimer la violence de ses sentiments à ses parents s'est construit ses premiers scénarios psychiques. Mais les images qu'il a organisées sous l'effet de ces émotions s'en sont très vite détachées. En effet ces émotions, par leur violence, lui faisaient courir le risque d'une déstabilisation de sa personnalité. Ainsi, de la même façon que l'enfant s'est construit des scénarios intérieurs à partir de ses sentiments parce que ceux-ci ne trouvaient pas de place dans la relation avec ses parents, il a ensuite séparé ces scénarios de leurs émotions d'origine à cause de la menace qu'ils représentaient dans la relation avec ses parents. C'est pourquoi les scénarios imaginaires que l'enfant âgé de moins de cinq ans s'est construits en réaction à un secret familial peuvent subsister inchangés dans la vie psychique de l'adulte qu'il est devenu. Le travail du psychothérapeute consiste alors à tenter de faire en sorte que ces images et ces scénarios soient revisités par les courants affectifs qui les ont d'abord irrigués et sur lesquels ils se sont développés. On pourrait comparer ces scénarios figés depuis l'enfance à des plantes germées sur un terrain jadis fertile et qui se seraient desséchées sur pied lorsque ce terrain serait devenu sec. L'irrigation est ici le flux des sentiments vitaux essentiels. Les plantes qui ont jadis poussé sont les images que l'enfant a produites de façon dynamique et créatrice pour tenter de répondre aux questions posées par le secret et empêcher que ces questions envahissent son activité psychique. Il en a stoppé la croissance en interrompant leur irrigation affective, comme un jardinier arrête l'irrigation d'une parcelle de terre. Les plantes d'abord verdoyantes se sont alors desséchées. Les images figées qui hantent la personnalité de l'adulte sont comme leurs tiges mortes. L'adulte vit d'ailleurs bien souvent ces images comme des territoires étrangers à sa propre personnalité. Elles le sont en effet pour la partie de la personnalité qui poursuit son évolution permanente sous l'effet des expériences nouvelles. Ces territoires ne peuvent redevenir créatifs qu'à partir du moment où les sentiments qui les avaient d'abord nourris, puis qui en avaient été ensuite retirés, les irriguent à nouveau. Tel fut le cas de Hergé quand il choisit de se consacrer au dessin. La création des *Aventures de Tintin* lui a permis de retrouver le chemin de la partie de son histoire personnelle construite en relation avec un secret familial indicible qu'il avait pressenti, questionné, puis refoulé. Hergé a construit son œuvre non seulement à partir de rêveries d'adolescence ou d'âge adulte, mais aussi à partir de celles qu'il avait constituées entre trois et six ans pour tenter de se représenter le contenu du secret qu'on lui cachait. Ces rêveries avaient d'abord été conscientes. Hergé les avait alors imaginées dans l'espoir de mieux comprendre ses parents. Mais ceux-ci n'étant pas disposés à répondre à ses questions, il avait dû apprendre à les réprimer au fond de lui. Les malaises que la curiosité du jeune garçon provoquait chez ses parents devenaient un obstacle à la communication avec eux. Ainsi s'explique que ces questions d'enfance et les scénarios imaginaires que Hergé avait construits autour d'elles aient organisé les *Aventures de Tintin* de façon à la fois souterraine et rigoureuse. Hergé a fait une œuvre créatrice en explorant les conséquences qu'avait eues sur lui un secret familial dont il était condamné à ignorer le contenu. Il ne s'agit pas là à proprement parler d'un travail de « sublimation ». Ce mot a en effet été créé par Freud pour désigner l'issue heureuse d'un conflit entre un désir du sujet et un interdit qui lui est opposé. Dans le cas de l'existence d'un secret de famille pesant sur un enfant, il n'y a pour lui de désir que celui de comprendre et d'interdit que celui de découvrir la vérité qui lui est cachée. L'accommodement que l'enfant doit réaliser entre ce désir – qui concerne sa vie psychique propre – et cet interdit – qui lui est opposé par la vie psychique de ses parents – n'a jamais d'« issue heureuse ». Le secret et surtout ses effets sur son psychisme sont en effet condamnés à lui rester inconnus. Il n'y a que des accommodements plus ou moins bien réussis... Une part de « sublimation » au sens où Freud en parlait intervient pourtant. Certains désirs légitimes de l'enfant, liés notamment à son accès à l'autonomie et à la vie sexuelle, peuvent avoir été empêchés du fait d'un secret, comme pour la jeune fille souffrant d'une phobie des pieds nus évoquée plus haut. Mais l'essentiel des distorsions comportementales et psychiques mises en place sous l'effet d'un secret ne sont pas susceptibles d'une telle résolution. Au moins leur découverte et leur exploration permettent-elles une forme de réconciliation avec soi-même et, dans une certaine mesure, avec les porteurs du Secret en soi. Tout individu qui a pressenti, à un moment ou à un autre de sa vie, l'existence d'un secret familial ayant pesé sur lui doit effectuer le même travail psychique que Hergé. Il lui faut retrouver le chemin des solutions d'enfance qu'il a inventées et imaginées en réponse aux contradictions et aux paradoxes de la communication que lui imposait son parent porteur d'un secret. Ces solutions constituent autant de formes partielles de symbolisation de ce qui n'a pas pu être symbolisé dans la génération précédente, en même temps que le socle sur lequel s'est constituée la personnalité de l'enfant élevé par un parent porteur de secret. La reconnaissance de ces constructions est d'autant plus nécessaire que, pour guérir des secrets, nous devons bien souvent renoncer à en connaître le contenu...

Renoncer à connaître le secret

Un psychothérapeute n'est pas un devin. Et il serait bien présomptueux de croire qu'il puisse un jour « deviner » un secret familial par lequel la vie psychique d'un patient a été marquée. Le travail du psychothérapeute est plus modeste et plus... réaliste. Il doit retrouver avec son patient les émotions et les constructions imaginaires provoquées par les expériences de communication difficile de celui-ci avec ses parents. C'est en effet de ces expériences que sont nés certains comportements et certaines rêveries de l'enfant qui ont ensuite fonctionné comme des corps étrangers dans son psychisme. Le travail du psychothérapeute ne doit donc pas porter – au moins au début – sur le contenu du secret familial que l'entourage du patient lui a caché. Cela risquerait de créer chez lui une activité imaginative organisée à partir du désir de comprendre de son psychothérapeute et non à partir de ses expériences propres... tout à fait comme cela était le cas lorsqu'il était enfant ! Il devait déjà aider ses parents à comprendre ce qu'ils ne comprenaient pas ! Même indépendamment de cette hypothèse désastreuse, une telle attitude de la part d'un psychothérapeute ferait perdre de vue l'essentiel : l'activité psychique de l'enfant contrariée dans son développement par le secret familial et les conséquences qui en ont résulté pour sa vie d'adulte.

Quand on pressent un secret chez un patient ou dans une famille, il ne faut donc pas chercher à faire une hypothèse sur son contenu. Il faut d'abord interroger la souffrance qui a résulté des symbolisations partielles produites sous l'effet des communications discordantes avec les parents. Il n'est point besoin de savoir quoi que ce soit du secret lui-même qui, de toute façon, restera entier. Il est même inutile – voire dangereux – de poser des questions sur les fantasmes entourant un secret, comme : « Que pouviez-vous imaginer de ce secret que vous pressentiez quand vous étiez enfant ? » De telles questions engagent en effet le patient, adulte ou enfant, sur la voie de la réalité d'un secret à découvrir. L'important, encore une fois, consiste dans la distorsion des processus de symbolisation de l'enfant sous l'effet des symbolisations restées en souffrance chez le porteur de secret. C'est à la souffrance qui a résulté de ces discordances qu'il faut constamment revenir, parce que c'est autour de cette souffrance que s'est constituée la personnalité de l'enfant. Pour s'orienter dans sa recherche, le thérapeute doit avoir recours à des sortes de « pointeurs » du secret. Je désigne par là les diverses formes de souffrance du sujet soumis au secret dans son enfance. Seul ce chemin permet d'accéder aux distorsions des processus de symbolisation qui ont marqué la vie psychique du sujet et du même coup sa vie relationnelle. La voie privilégiée du dénouement d'un secret dont un patient n'a pas lui-même la clé, et qui concerne ses ascendants, ne peut se faire que de cette façon : questionner le patient sur la nature de ses expériences d'enfant et l'encourager à retrouver les sentiments qu'il a vécus au moment où il était soumis aux distorsions relationnelles familiales.

Cette remémoration affective des situations d'enfance pénibles constitue également pour chacun une source d'information sur les raisons profondes de ses choix, notamment affectifs ou professionnels. Car ces choix ne sont jamais indépendants des émotions et des représentations restées en suspens dans les échanges émotionnels avec un parent porteur de clivage. Cette confrontation est toujours douloureuse. Tel qui croyait avoir fait ses choix librement découvre qu'il s'est orienté dans son existence en fonction de choix qui ne concernaient pas sa propre vie psychique, mais celle de ses parents. Il importe de ne pas arrêter le travail sur le découragement qui suit cette prise de conscience. En effet, si nous sommes chacun condamné à des choix aliénés, il dépend pourtant de nous d'être libres dans ces choix ! Ce n'est pas un paradoxe. Certes, nos choix affectifs ou professionnels ne dépendent pas seulement de notre liberté consciente. Mais la compréhension que nous pouvons acquérir des raisons inconscientes qui nous y ont poussés nous permet de nous organiser différemment à l'intérieur d'eux. L'idéal serait bien entendu que chacun puisse à tout moment réorienter sa vie sur les bases de la compréhension qu'il peut avoir de ses déterminismes inconscients. Malheureusement, les changements professionnels deviennent difficiles à partir d'un certain âge et les changements affectifs sont toujours douloureux. En outre, si un adulte s'oriente dans une activité en relation avec un secret familial qu'on lui a caché, l'ensemble de ses comportements dans cette activité ne dépend pas uniquement du secret initial. Les traces de ses expériences libidinales personnelles – autrement dit de sa vie psychique propre – s'y combinent plus ou moins harmonieusement. C'est à développer cette marge de créativité possible que chacun doit s'employer... Mais cette créativité ne peut encore une fois être libérée qu'à partir des terrains de la personnalité de l'enfant restés en friche sous l'effet des secrets, aussi bien pour le patient que pour... le thérapeute. Connaître ses propres secrets familiaux est la condition pour pouvoir s'occuper de ceux des autres.

Conclusion

Le secret est la meilleure des choses. Il protège notre intimité psychique et physique, notre vie privée et celle de ceux que nous aimons. Mais il devient la pire des choses lorsque, pour une raison ou pour une autre, il est vécu comme une contrainte. Alors, le désir de communiquer le secret rentre en contradiction permanente avec la nécessité, choisie ou imposée, de le garder ! Ce désir n'est pas lié au contenu particulier de tel ou tel secret. Il correspond au fait de se sentir isolé, par un secret subi, de ses proches et, par extension, du reste de l'humanité. Le secret – tout secret – a une force isolatrice. Toute relation de proximité amoureuse ou même seulement affective est au contraire guidée par un désir de transparence et d'osmose parfaite. Le désir d'établir des liens serrés avec un partenaire et une communication totalement transparente avec lui est essentiel au psychisme humain. Garder un secret, c'est contredire ce désir primitif et essentiel. C'est pourquoi celui qui porte un secret éprouve le besoin constant de s'en délivrer. Ce besoin n'est pas lié en premier lieu à la nature douloureuse en soi du secret, bien que celui-ci puisse être parfois pénible. C'est l'existence d'un clivage à l'intérieur du psychisme et la souffrance l'accompagnant qui déterminent l'apparition de constructions névrotiques d'où découlent les diverses formes de « suintements du secret ».

Pour celui qui est confronté à un parent coupé en deux sous l'effet d'un secret ou d'un événement douloureux indicible, le problème est encore plus grave. Du fait des « suintements » inévitables du clivage, un enfant pressent toujours qu'on lui cache quelque chose, même s'il n'a pas les moyens de savoir ni quoi ni pourquoi. Il ne sait pas s'il a le droit de voir, d'entendre, de ressentir et de penser certaines choses, et même parfois il ne sait pas quel statut accorder à ce qu'il voit, entend, ressent et pense, allant jusqu'à tenter de détruire en lui certaines perceptions, émotions et pensées... Il peut tenter également de lutter contre ce malaise par des comportements et des fantasmes. Malheureusement, les constructions psychiques et relationnelles qui en résultent vont bien souvent perturber à leur tour ses propres enfants !

C'est pourquoi il faut se rappeler que plus un événement nouveau qui nous arrive est brutal et douloureux, et plus il est important d'en parler à nos enfants. En effet, un enfant pressent forcément le changement de son parent sous l'effet d'un tel événement. Moins on en parle et plus on laisse de place à ses fantasmes et surtout à ses angoisses. La mort, en particulier, doit être parlée aux enfants. Elle est souvent perçue bien moins dramatiquement par eux que par les adultes. Ensuite, il vaut mieux parler maladroitement des choses que de ne pas en parler du tout. Et il vaut mieux, à la limite, dire que quelque chose de grave nous affecte et que nous ne pouvons pas en parler encore, plutôt que d'essayer de cacher à l'enfant notre angoisse ou notre tristesse, ainsi que l'événement qui les a produites. Ce qui blesse le plus gravement un enfant, c'est en effet de se sentir exclu de sa propre famille et de croire qu'il est lui-même la cause de cette exclusion ou, pire encore, qu'il est lui-même la cause de la souffrance de ses parents.

Quand le secret est constitué, sa confidence, même partielle, crée un soulagement. Elle met fin à un sentiment d'isolement des deux côtés : pour celui qui gardait le secret comme pour celui ou ceux vis-à-vis desquels il était gardé, et qui le « pressentaient » sans toujours pouvoir se l'avouer à eux-mêmes. L'abolition du secret redonne une réalité au désir de communication osmotique et fusionnelle et rend espoir dans sa réalisation. Elle provoque un sentiment de libération intense qui correspond à la certitude d'une communication enfin retrouvée avec le parent. C'est pour cette raison que le partage d'un secret entre deux ou plusieurs membres d'une famille résonne souvent pour eux comme un nouveau départ dans leur relation.

Cette joie ne signifie malheureusement pas pour autant la levée des tendances ou des choix qu'un enfant soumis à un secret avait organisés sous l'effet de celui-ci ! Un secret familial dont un enfant a été longtemps exclu a laissé dans son psychisme des traces que rien ne pourra effacer. Les effets des clivages qu'il a mis en place pour tenter de s'accommoder des distorsions provoquées par le secret de son parent ne peuvent jamais être totalement levés.

Malgré cet effet positif de la levée d'un secret – et même s'il faut reconnaître que ces effets n'« effacent » jamais totalement les souffrances et les troubles qu'il a provoqués –, il faut aussi retenir que la mise en confidence doit s'entourer de prudence ! La révélation brutale d'un secret peut fonctionner comme une forme d'« interprétation sauvage » qui court-circuite les possibilités de penser du sujet. Celui-ci peut avoir l'impression de devenir fou ! C'est notamment le cas lorsque le secret n'est pas révélé par l'un de ses protagonistes, mais par quelqu'un d'extérieur à la famille. Confrontée à une telle mise en confidence alors qu'elle avait près de trente ans, une femme raconte qu'elle a eu la vision de galaxies qui se mettaient à tourner sur elles-mêmes de façon folle, puis de ruisseaux qui convergeaient soudain pour provoquer un débordement qui la submergeait ! Il est vrai que le secret concernait ses propres origines. Forte de cette découverte, cette femme put toutefois reconstruire son identité en tenant compte de tous les messages qu'elle avait reçus lorsqu'elle était enfant, et plus seulement de « la vérité officielle » à laquelle ses parents avaient voulu la faire adhérer. En mettant fin en elle aux clivages qu'elle avait mis en place sous l'effet du clivage de ses parents, elle accéda à une paix avec elle-même qu'elle n'aurait sans doute jamais trouvée sans cette révélation. Elle put aussi adopter avec son fils une attitude moins clivée qui fut profitable au développement de celui-ci.

La révélation des secrets familiaux par ceux qui en sont les détenteurs, dans une famille, est toujours souhaitable au maintien du silence. La crise qui en résulte est toujours bénéfique. Par contre, le thérapeute qui pressent un secret chez un patient ou dans une famille doit être plus circonspect. Il ne doit guère plus attendre de la révélation d'un secret que de la révélation de son diagnostic psychologique à un être en souffrance psychique ! On n'a jamais guéri un paranoïaque en lui disant qu'il souffre d'avoir dû idéaliser son père qui le persécutait, ni un phobique en lui expliquant la configuration de ses choix œdipiens ! Dans tous les cas, ce qui importe, c'est la compréhension des effets durables, sur le psychisme, d'une situation répétitive particulièrement intense ou survenue à un moment clé du développement. Après la divulgation d'un secret, certains de ses effets sur le psychisme peuvent continuer à rester... secrets et exercer leurs effets dévastateurs sur plusieurs générations ! Le secret est comme l'inconscient. Il risque toujours d'être ailleurs que là où nous avons cru le repérer ! Enfin, il arrive que l'incertitude liée à un secret familial ne puisse jamais être levée. C'est notamment le cas lorsque le protagoniste initial du secret n'est plus là pour le confirmer ou quand il se refuse jusqu'au bout à le faire. Cette incertitude est d'autant plus fréquente qu'on ne peut jamais vraiment savoir si un secret révélé n'en cache pas un autre, et cela parfois à l'insu du porteur de secret lui-même qui croit garder un secret bien à lui alors qu'il est en fait la victime d'un secret qu'il ignore à la génération précédente.

On voit que la reconnaissance des effets toujours négatifs des secrets n'entraîne pas que le thérapeute – tant individuel que du couple ou de famille – doive adopter une morale du « tout dire ». D'abord, toute révélation d'un secret ne peut se comprendre, en situation thérapeutique, que comme le résultat d'un travail. Pour employer une comparaison imagée, il faut penser à consolider les berges – autrement dit les mécanismes de défense de l'individu, du couple ou de la famille – avant d'ouvrir les vannes du secret ! Ensuite, un thérapeute doit savoir qu'il ne sait jamais « tout » et que, s'agissant des secrets, le peu qu'il croit savoir est toujours aléatoire. Tout comme un enfant confronté à un secret, le thérapeute n'est jamais assuré de la validité de ses constructions. Enfin, comme nous l'avons vu à plusieurs reprises, ce sont les effets du secret qu'il importe de comprendre et d'analyser bien plus que son contenu. Par contre, il importe toujours que le thérapeute pointe l'existence des secrets qu'il pressent. Encore une fois, « pointer l'existence » ne veut pas dire désigner le contenu, du reste le plus souvent hypothétique. Finalement, la seule certitude que le thérapeute puisse avoir, et doive dire, lorsqu'il est confronté à une histoire de secret, est que *quelqu'un, un jour, a caché quelque chose*. Ce simple constat, pour être modeste, n'en a pas moins des conséquences considérables. Il permet de commencer à travailler les clivages de la personnalité mis en place par les uns et les autres autour du secret. Il permet à l'enfant violenté et brimé par le secret de commencer à parler de ses doutes et de ses questions et, par là, de retrouver sa parole. Il permet également de commencer à nous interroger sur les conséquences, pour les autres et pour nous-même, de ces secrets et des aménagements souvent inconscients qui en ont découlé sur plusieurs générations.

Bibliographie

ABRAHAM N., TOROK M., *L'Écorce et le Noyau*, Paris, Aubier, 1978 (rééd. Flammarion, 1987).

ANCELIN-SCHÜTZENBERGER A., *Aïe, mes aieux !*, Paris, Epi La Méridienne, 1993.

DE MIJOLLA A., *Les Visiteurs du Moi*, Paris, Les Belles Lettres, 1981.

HACHET P., *Les Toxicomanes et leurs Secrets*, Paris, Les Belles Lettres, 1996 (à paraître).

NACHIN Cl., *Le Deuil d'amour*, Paris, Éditions universitaires, 1989.

NACHIN Cl., *Les Fantômes de l'âme. À propos des héritages psychiques*, Paris, L'Harmattan, 1993.

TISSERON S., *Tintin chez le psychanalyste*, Paris, Aubier-Archimbaud, 1985).

TISSERON S., *Tintin et les Secrets de famille*, Paris, Séguier, 1990 (rééd. Aubier, 1992).

TISSERON S., *La Honte, psychanalyse d'un lien social*, Paris, Dunod, 1992.

TISSERON S. (dir.), *Le Psychisme à l'épreuve des générations*, Paris, Dunod, 1995.

VIGOUROUX F., *Le Secret de famille*, Paris, PUF, 1993.

REVUES

« Du secret », *Nouvelle Revue de psychanalyse*, 1975, n° 14.

« Le dialogue et le secret », *Dialogue*, n° 100, 1988.

« Confidences et secret », *Le Groupe familial*, n° 132, juillet-septembre 1991.

« Le secret », *Connexions*, Eres, 1992.

Table des matières

Introduction 5

Faux secrets et vrais mensonges 13

Les « suintements » du secret 35

Le piège des bonnes intentions 53

Les « cachettes » du secret 67

Un secret peut en cacher un autre 83

Guérir des secrets 103

Conclusion 125

Vos notes personnelles

Vos notes personnelles

Vos notes personnelles

Vos notes personnelles

Vos notes personnelles

Vos notes personnelles

Vos notes personnelles

Au catalogue Marabout

Enfants - Education

A table Bébé
M. Nuq-Barakat .... 3144 34 FF
Aimer sans tout permettre
Dr F. Dodson .... 3101 39 FF
Apprenti parleur (L')
M. Varraud - V. Alis .... 3151 43 FF
Bébé, dis-moi qui tu es
Dr P. Grandsenne .... 3160 43 FF
Bébé joue
A. Bacus .... HC 84 FF
Bébé langages
S. Gerin .... HC 84 FF
Bébé malin
A. Bacus .... HC 84 FF
Bébé massages
P. Walker .... HC 84 FF
Bébé pleure, que faire ?
A. Bacus .... 3119 39 FF
Bébés nageurs
S. Gerin .... HC 84 FF
Comprendre les rêves de vos enfants
P. Garfield .... 3150 48 FF
10 000 prénoms du monde entier
Ph. Raguin .... 3139 46 FF
Guérir les blessures affectives de l'enfance
M. de Verdillac .... 3152 39 FF
Intelligence émotionnelle et bonheur d'apprendre
B. Bellisa .... 3154 39 FF
Livre de bord de bébé de 1 jour à 1 an (Le)
C. Pinson .... HC 129 FF

Livre de bord de votre enfant de 1 jour à 3 ans (Le)
A. Bacus .... HC 140 FF
Livre de bord des prénoms (Le)
F. Le Bras .... HC 136 FF
1000 trucs superpratiques pour élever Bébé
A. Bacus .... 3125 39 FF
Mon bébé comprend tout
A. Solter .... 3156 46 FF
Nouvelle cuisine de bébé (La)
B.Marcadé - Dr H. Bouché............ 3127 46 FF
Parents efficaces
Dr T. Gordon........................ 3102 37 FF
Parents si vous saviez
Dr Th. Joly .... 3157 39 FF
Père et son enfant (Le)
Dr F. Dodson........................ 3100 46 FF
Plus beaux prénoms originaux (Les)
Fl. Le Bras .... 3158 N
Pourquoi je soigne mon enfant par homéopathie
Dr H. Leduc........................ 3153 43 FF
Prénoms bibliques et hébraïques
Fl. Le Bras - M. Hazou .... 3159 39 FF
Prénoms, un choix pour l'avenir (Les)
Cl. Mercier........................ 3114 46 FF
Psychologie de l'enfant (La)
Dr P. Morand de Jouffrey .... 3131 37 FF
Tous les enfants peuvent réussir
A. de la Garanderie - G. Cattan .... 3155 39 FF
Tout se joue avant 6 ans
Dr F. Dodson........................ 3115 37 FF
Votre bébé de 1 jour à 1 an
A. Bacus .... 3120 46 FF

Votre enfant de 1 à 3 ans
A. Bacus .... 3121 46 FF
Votre enfant de 3 à 6 ans
A. Bacus .... 3122 46 FF

Psychologie

A la découverte de soi
R. De Lassus .... 3614 46 FF
Aimer tout le monde
S. Ananda .... 3642 37 FF
Analyse transactionnelle (L')
R. De Lassus .... 3516 46 FF
Auto-analyse (L')
K. Horney .... 3577 46 FF
Avoir ou être
E. Fromm .... 3638 39 FF
Bouddha vivant, Christ vivant
Thich Nhat Hanh .... 3649 39 FF
Cette famille qui vit en nous
C. Rialland .... 3636 39 FF
Comment acquérir une super-mémoire
Dr J. Renaud .... 3536 39 FF
Comment réussir dans la vie
Groupe Diagram .... 3545 39 FF
Communication efficace par la PNL (La)
R. De Lassus .... 3510 46 FF
Convaincre grâce à la morpho-psychologie
B. Guthmann - P. Thibault .... 3574 39 FF
Dessinez vos émotions
M. Phillips - M. Comfort .... 3643 37 FF
Développez votre intelligence
G. Azzopardi .... 3513 46 FF
Dictionnaire des rêves
L. Uyttenhove .... 3542 37 FF
Efficace et épanoui par la PNL
R. De Lassus .... 3563 39 FF

Ennéagramme facile (L')
R. Baron - E. Wagele.................. 3584 39 FF
Ennéagramme (L')
R. De Lassus........................ 3568 43 FF
Entretiens de Bodhgaya (Les)
Dalaï Lama......................... 3650 N
Force est en vous (La)
L. Hay.............................. 3647 39 FF
Gestalt, l'art de contact (La)
S. Ginger........................... 3554 46 FF
Guide des fantasmes
A. Hess............................. 3567 43 FF
Intelligence du coeur (L')
I. Filliozat........................ 3580 46 FF
Interprétation des rêves (L')
P. Daco............................. 3501 39 FF
Je teste mon Q.I.
A. Bacus .... 3570 34 FF
Le bonheur est fait d'instants successifs
M. Mercier.......................... 3652 N
Maladies psychiques (Les)
M. Tschui .... 3569 39 FF
Méditer au quotidien
H. Gunaratana....................... 3644 39 FF
Mémoire au fil de l'âge (La)
Y. Ledanseurs .... 3593 N
Mémoire, la développer, la garder (La)
P. Dessi............................ 3585 37 FF
Mère Theresa, foi et compassion
N. Chawla et R. Rai................. 3654 N
Mesurez votre Q.I.
G. Azzopardi........................ 3527 37 FF
Méthode Coué (La)
E. Coué .... 3514 39 FF

Méthode Silva (La)
J. Silva - Ph. Miele .... 3591 N
Moments vrais (Les)
B. De Angelis .... 3646 43 FF
Oser être gagnant par l'analyse transactionnelle
R. De Lassus .... 3620 39 FF
Oser être soi-même
R. De Lassus .... 3603 39 FF
Partez gagnant
T. Hopkins .... 3604 39 FF
Pièges de la perfection (Les)
S. J. Hendlin .... 3628 46 FF
Plénitude de l'instant (La)
Thich Nhat Hanh .... 3655 N
Plus loin sur le chemin le moins fréquenté
S. Peck .... 3639 39 FF
Pratiquer et vivre la relation d'aide
J. et C. Poujol .... 3579 43 FF
Prodigieuses victoires de la psychologie (Les)
P. Daco .... 3504 46 FF
Psy de poche (Le)
S. Mc Mahon .... 3551 39 FF
Psychologie et liberté intérieure
P. Daco .... 3503 46 FF
Puissance de la pensée positive (La)
N. V. Peale .... 3607 39 FF
QE, QI : dopez votre intelligence
G. Azzopardi .... 3586 39 FF
Quel est votre type psycho-sexuel ?
G. d'Ambra .... 3588 39 FF
Réinventer le couple
C. Rogers .... 3589 N

Réussissez les tests d'intelligence
G. Azzopardi........................3512 39 FF
Secrets de famille, mode d'emploi
S. Tisseron........................3573 37 FF
7 points clés pour bien communiquer (Les)
J.-P. Juès........................3581 39 FF
Testez votre quotient émotionnel
G. d'Ambra........................3571 39 FF
Tests d'intelligence (Les)
J.-E. Klausnitzer........................3529 39 FF
Tests de logique (Les)
J.-E. Klausnitzer........................3530 39 FF
Tests psychologiques (Les)
P. Caprili........................3533 37 FF
Tests sans stress
A. Bacus........................3524 39 FF
Transformez votre vie
L. Hay........................3633 39 FF
Triomphes de la psychanalyse (Les)
P. Daco........................3505 46 FF
Vaincre la peur de l'eau
F. Simpère........................3587 34 FF
Vérité vous rendre libre (La)
O. Clément........................3656 N
Vitamines pour l'âme
J. Canfield - M. Hansen........................3645 39 FF
Voies étonnantes de la nouvelle psychologie (Les)
P. Daco........................3502 46 FF

Santé - Forme - Sexualité

ABC de la sexualité (L')
C. Pinson . . . . 2810 34 FF
Arrêter de fumer par les gommes nicotiniques
J.-L. Dervaux . . . . 2796 37 FF
Beauté et soins naturels du visage
S. Lacoste . . . . HC 84 FF
Bien respirer pour bien vivre
D. Lamboley . . . . 2799 34 FF
Bien vivre votre maternité
L. Bartoli . . . . 2773 34 FF
Bienfaits des légumes, des fruits et des céréales
Dr D. Lamboley . . . . HC 84 FF
Cancer apprivoisé (Le)
L. Renard . . . . 2787 39 FF
177 façons d'emmener une femme au 7e ciel
M. Saint-Loup . . . . 2783 34 FF
Colonne a bon dos : la méthode Mézières (La)
Dr G. Pacaud - J. Fromond . . . . 2753 39 FF
Comment bien faire l'amour ensemble
A. Penney . . . . 2739 37 FF
Comment donner du plaisir à la femme que tu aimes
S. Blanchet . . . . 2800 39 FF
Comment faire l'amour à un homme
A. Penney . . . . 2737 37 FF
Comment faire l'amour à une femme
M. Morgenstern . . . . 2738 37 FF
De beaux seins en 10 minutes par jour
L. Raisin . . . . 2778 34 FF

203 façons de rendre fou un homme au lit
J. Saint-Ange........................2771 37 FF
Dictionnaire familial d'homéopathie
Dr E. A. Maury ....2703 39 FF
Dopants naturels et cocktails de la forme
Dr D. Lamboley.......................HC 84 FF
En pleine forme après Bébé
S. Gerin ....2813 39 FF
Enflammez votre vie sexuelle
J. Petersen..........................2815 43 FF
Exercice par jour pour être en forme (Un)
L. Raisin ....2784 34 FF
Femme sensuelle (La)
Par M................................2733 37 FF
Géobiologie facile (La)
D. Semelle ....2789 37 FF
Guide de l'homéopathie familiale
Dr G. Pacaud.........................2772 34 FF
Guide de médecine familiale : Asthme
J. Ayres.............................HC 52 FF
Guide de médecine familiale : Migraine
Dr M. Wilkinson - Dr A. MacGrégor · · HC 52 FF
Guide de médecine familiale : Problèmes intestinaux
Dr Ken Heaton........................HC 52 FF
Guide de médecine familiale : Stress
Pr G. Wilkinson......................HC 52 FF
Guide du poids
Dr D. Elia...........................HC N
Gym cerveau - Objectif 100 ans
M. Le Poncin.........................2779 43 FF

Hanches et fesses parfaites en 10 minutes par jour
L. Raisin .... 2768 34 FF
Homme sensuel (L')
Par J. .... 2732 37 FF
Kamasoutra (Le)
Vatsyayana .... 2722 37 FF
Libérez votre sensualité intérieure
O. Saint-Claire .... 2816 N
Livre de bord de l'homéopathie (Le)
Dr. G. Pacaud .... HC 125 FF
Livre de bord de la femme (Le)
M.-C. Delahaye .... 2721 46 FF
Livre de bord de la forme (Le)
L. Raisin .... HC 129 FF
Livre de bord de la future maman (Le)
M.-C. Delahaye .... HC 140 FF
Livre de bord de la future maman (Le)
M.-C. Delahaye .... 2717 46 FF
Livre de bord de la minceur (Le)
C. Pinson .... HC 136 FF
Livre de bord de la vie sexuelle (Le)
G. Tordjman .... HC 140 FF
Livre de bord des médecines douces (Le)
Dr S. Rafal .... HC N
Maladies psychosomatiques (Les)
J. Thomas .... 2795 39 FF
Maigrir avec les hautes calories
M. Leconte .... 2700 37 FF
Maîtrisez votre taux de cholestérol
C. Pinson .... 2780 34 FF
Mangez Bio
C. Enlart .... 2792 34 FF

Massages pour débutants
M. Aslani .... HC 95 FF

Ostéopathie pour les bébés (L')
R. Solano........................ 2812 34 FF

Plan anti-graisses (Le)
C. Pinson........................ 2798 34 FF

Plantes et huiles essentielles, mode d'emploi
Dr D. Lamboley.................. 2793 43 FF

QI Gong facile
Dr D. Lamboley.................. 2786 39 FF

Remodelez votre corps
L. Raisin .... 2730 39 FF

Remodelez votre corps au masculin
L. Raisin .... 2756 39 FF

Restez jeune en restant souple
F. Cottarel....................... 2764 37 FF

Santé au naturel avec les compléments alimentaires
Dr S. Rafal .... HC 84 FF

Sauvez vos artères
Dr R. Cristol .... 2814 43 FF

«Scarsdale» régime médical infaillible
Dr H. Tarnower - S. S. Baker .... 2706 37 FF

Se soigner seul par l'homéopathie
Dr G. Pacaud..................... 2727 46 FF

Se soigner soi-même par les médecines douces
Dr S. Rafal....................... 2811 34 FF

Secrets du Feng-Shui (Les)
R. Petit.......................... 2817 N

Sept secrets pour connaître le plaisir à chaque fois (Les)
M. Saint-Loup.................... 2797 37 FF

Soignez votre enfant par l'homéopathie
Dr R. Bourgarit .... 2716 39 FF
Soignez-vous par le vin
Dr E. A. Maury .... 2702 39 FF
Sophrologie autrement (La)
A. Payen de la Garanderie .... 2790 39 FF
Sophrologie facile (La)
Dr Y. Daurou........................... 2794 39 FF
Sophrologie pour la future maman (La)
Dr A.-P. Wattel........................ 2801 37 FF
Stretching facile
L. Raisin .... 2791 34 FF
Vaincre par la sophrologie
Dr. R. Abrezol .... 2754 39 FF
Ventre plat en 10 minutes par jour (Un)
L. Raisin .... 2767 34 FF
Vitamines et oligo-éléments
Dr G. Pacaud........................... 2782 39 FF
Yoga anti-stress
I. Townsend............................ 2766 39 FF
Yoga pour débutants
M. Ansari et L. Lark .... HC N
Yoga Relax
M. Freedman - J. Hankes .... 2785 39 FF

Vie Quotidienne

ABC de l'automobile (L')
C. Pessey .... 1547 34 FF
ABC du savoir-vivre (L')
F. Le Bras .... 1544 34 FF
Art de vivre au fil des jours (L')
V. de Montesquiou .... 1554 46 FF
Comment dresser son arbre généalogique
M. Gasse .... 1538 39 FF
Comment se faire épouser ?
A. Girod de l'Ain .... 1550 39 FF
Correspondance (La)
G. d'Assailly .... 1501 32 FF
Courrier facile (Le)
C. Ovtcharenko .... 1505 50 FF
200 modèles de lettres
P. Maury .... 1510 39 FF
Dictionnaire Marabout des «trucs»
L. Fronty .... 1503 39 FF
Disparus ? Comment les retrouver
P. Fagué .... 1555 37 FF
Femme un jour, femme toujours
N. de Rothschild .... 1553 43 FF
Généalogie facile (La)
J.-L. Beaucarnot .... 1512 39 FF
Guide de l'organisation du mariage
N. Terrail .... 1513 39 FF
Guide du bénévolat et du volontariat
G. Garibal .... 1556 43 FF
Guide pratique du crédit
S. Gaigniot - B. Leprat .... 1557 34 FF
Livre de bord de votre courrier (Le)
C. Pinson .... HC 125FF

Livre de bord du savoir-vivre (Le)
F. Le Bras .... HC 125 FF
Meilleurs jobs pour se faire de l'argent de poche (Les)
S. Gerin .... 1558 N
Officiel des prénoms d'Europe (L')
C. et P. Raguin .... 1502 46 FF
Organiser et réussir un mariage
C. Pinson............................... 1542 34 FF
Photo numérique, c'est facile (La)
J. Hémon - B. Delaveau................ 1559 34 FF
Politesse oblige
H. de Clermont-Tonnerre............... 1549 43 FF
Premiers pas en généalogie
J.- L. Beaucarnot........................ 1546 34 FF
Savoir-vivre (Le)
G. d'Assailly - J. Baudry............... 1500 37 FF
Vraie vie des prénoms (La)
P. Corinte............................... 1515 46 FF

3573

IMPRIMÉ EN FRANCE PAR BRODARD ET TAUPIN
1385 - La Flèche (Sarthe), le 12-04-2000.

pour le compte des
Nouvelles Éditions Marabout
D.L. avril 2000/n° 2257
ISBN : 2-501-02816-3